PIERRE

DESPROGES

Avec
Alteau
Sergio Aquindo
Cabu
Éric Cartier
Gilles Cazaux
Charb
Édika
Fabcaro
Gaudelette
Daniel Goossens
Gotlib
Mahi Grand
Guillaume Guerse
Kokor
Gérard Lauzier
Étienne Lécroart
Maëster
Jean-Philippe Peyraud
Pascal Rabaté
Riff Reb's
Jean-Marc Rochette
Jean Solé
David Vandermeulen
Laurent Verron
Zou

FRANÇAISES, FRANÇAIS, BELGES, BELGES, LECTEUR CHĒRI MON AMOUR

JUNGLE

PRÉFACE

(Tous les textes de cet ouvrage sont de Pierre Desproges, sauf mention particulière.)

Pierre Desproges, bien connu du Tout-Paris mondain, est apprécié pour son œuvre littéraire, constituée aussi bien de ses chroniques radiophoniques, de ses monologues comiques réunis en recueils que de ses romans. Nous ne pourrions qu'admirer sans réserve cette production considérable si le ramage se rapportait au plumage, ce qui malheureusement est loin d'être le cas. Et nous sommes les premiers à le déplorer.

En effet, nous ne demandons pas mieux que d'ouvrir notre bibliothèque à toutes belles et fortes paroles et à leur faire la place qu'elles méritent, entre la Bible, le Livre des Morts Tibétain et La Cuisine de Maïté, encore faut-il que le contenu véhiculé par ces opus soit digne d'occuper une telle place. Avant tout procès d'intention, reconnaissons honnêtement la maestria avec laquelle l'écrivain manie le verbe, la syntaxe, les accords de participe et les imparfaits du subjonctif. Il maîtrise un style dont la richesse n'a d'égale que la pureté. Qu'on veuille bien nous passer cette expression triviale : il écrit comme il respire.

HUMOUR,

Hélas, hélas, hélas, ~~hélas~~, trois fois hélas! Il n'y a pas que la forme, il y a aussi le fond. Et c'est là que le bât blesse, car sous sa plume jaillissent mille imprécations et sarcasmes qui ne peuvent que révolter l'honnête homme. Sous des dehors légers et primesautiers, l'individu ne se prive pas de railler ce qu'il y a de plus noble, comme les restos du cœur ou le football. Il ne respecte rien. Il fait fi de toute convenance. Il critique les jeunes, les hommes politiques et même le cancer, et là nous disons non! Car la critique est aisée mais le cancer est difficile.

Et tout cela au nom de quoi? Au nom de l'humour! Le Ciel m'est témoin que personne n'aime rire autant que moi (sauf peut-être ma femme). Et même, j'aime beaucoup l'humour. D'une façon générale, l'humour me fait très souvent rire, comme je le dis plus haut.

Mais attention, l'humour a ses limites, que ma femme et moi connaissons parfaitement. Contrairement à celui dont il est question ici.
Car, tenez-vous bien : ce dernier va jusqu'à prétendre que l'humour... c'est sérieux. Laissez-moi rire. Il est bien connu qu'amuser le bon peuple est à la portée du dernier crétin venu. Eh bien lisez un peu ce que cet individu écrit à ce sujet :
« *Il faut plus d'ambition, d'idée et de travail pour accoucher des Ripoux que pour avorter de films fœtus à la Duras et autres déliquescences placentaires où le cinéphile lacanien rejoint l'handicapé mental dans un même élan d'idolâtrie pour tout ce qui ressemble de près*

PERSIFLAGES ET CRUSTACÉS

GOTLIB

ou de loin à de la merde. » (fin de citation)
Or donc, nous ne saurions trop mettre en garde les naïfs qui, lisant en diagonale, se laisseraient abuser par une écriture séduisante. Penchez-vous sur les sujets traités. Aiguisez votre sens du jugement. Sachez déceler l'ivraie empoisonnée qui se terre sournoisement sous les apparences du bon grain littéraire.
Vous aurez vite fait de découvrir la vraie nature de cet homme, méchant, haineux, grogneux, cagneux, teigneux et hargneux. Il est possible qu'alors, vous persistiez à vous y intéresser, voire à vous esclaffer. Peut-être même tomberez-vous dans l'horrible piège en réalisant brutalement que ce sont la voix du bon sens et de l'intelligence la plus aiguë réunies qui traversent de part en part ces ouvrages. Dans ce cas, vous êtes fichu. Je sais de quoi je parle, c'est ce qui m'est arrivé.
Pierre Desproges sortit un jour du cabinet de l'un de ses amis médecins qui venait de lui en conter une bien bonne. Il entra dans un restaurant de poissons et fruits de mer et commanda le plateau géant. Il termina par un somptueux tourteau, le suçant jusqu'à la moelle, croquant la moindre parcelle de carapace, le plus petit morceau de pince. Lorsqu'il fut sûr qu'il ne restait plus une miette de chair, il poussa un soupir bienheureux, étouffa un rot discret, puis, s'adressant aux restes du crabe jonchant son assiette, il prononça ces mots : « *Un à zéro.* » Peu après, il disparut mystérieusement de la circulation et lors d'une nuit de cauchemar, j'eus la vision apocalyptique d'un crabe géant adressant à Pierre ces mots : « *Un partout.* » Ce à quoi ce dernier répondit « *Je t'emmerde.* »
Et c'est ainsi que Pierre Desproges est grand.

QUI SOMMES-NOUS ?

D'OÙ VENONS-NOUS ?

OÙ ALLONS-NOUS ?

QU'EST-CE QU'ON MANGE CE SOIR ?

LES BONNES MANIÈRES

Dans le train, les jeunes doivent spontanément céder leur place assise aux personnes âgées. Exceptionnellement, si, par exemple, c'est le jeune qui est debout et s'il est muni d'une barre de fer, la personne âgée sera bienvenue de lui céder sa place.

LA PAGE NÉCESSAIRE DE MONSIEUR GOTLYPÈDE
TIC-TAC TIC-TAC TIC TAC TIC-TAC TIC TAC TIC TAC TIC-TAC TIC-TAC TIC TAC TIC TAC TIC TAC
Aujourd'hui : PLONGEONS PIERRE DESPROGES DANS UN ÉTONNEMENT PROCHE DE L'HÉBÉTUDE
MONSIEUR PIERRE DESPROGES EST UN HOMME À QUI - POUR PARLER VULGAIREMENT - "ON NE LA FAIT PAS". IL FAIT PARTIE DE CETTE CATÉGORIE DE GENS QU'IL EST TRÈS DIFFICILE D'ÉTONNER.
JE FAIS PARTIE DE CETTE CATÉGORIE DE GENS QU'IL EST TRÈS DIFFICILE D'ÉTONNER. JE SUIS UN HOMME À QUI "ON NE LA FAIT PAS", POUR PARLER VULGAIREMENT.
BON O.K. ÇA VA, JE VIENS DE LE DIRE.
OUI MAIS DANS L'AUTRE SENS.
EH BIEN MOI, JE ME PROPOSE, LÀ, DEVANT VOUS, AUJOURD'HUI... D'ÉTONNER MONSIEUR PIERRE DESPROGES.
ALORS LÀ PERMETTEZ-MOI DE VOUS DIRE QUE ÇA M'ÉTONNERAIT.
MILLE BALLES QUE JE VOUS ÉTONNE.
TENU.
COMBIEN J'AI DE DOIGTS?
?
SI C'EST TOUT CE QUE VOUS AVEZ TROUVÉ POUR M'ÉTONNER PERMETTEZ-MOI DE ME MARRER DOUCEMENT PAR-DEVERS MOI.
COMBIEN?
MAIS QUATRE VOYONS. IL EST DE NOTORIÉTÉ PUBLIQUE QUE VOUS AVEZ SUBI L'ÉNUCLÉATION DU POUCE GAUCHE DURANT LA DERNIÈRE GUERRE, PENDANT LA EXACTIOU.
PERMETTEZ-MOI DE M'ESCLAFFER BRUYAMMENT
DÉSOLÉ MONSIEUR PIERRE DESPROGES, J'AI CINQ DOIGTS À LA MAIN GAUCHE. VOUS POUVEZ COMPTER VOUS-MÊME.
TIENS-TIENS... ...BIZARRE...
PTOÏNG
...ALORS LÀ VOUS M'ÉTONNEZ...
HÉ!
ET VOILÀ!
OUPS
MILLE BALLES S'IL VOUS PLAÎT
TAP
IL L'A DIT LUI-MÊME : "VOUS M'ÉTONNEZ". VOUS AVEZ PU L'ENTENDRE CLAIREMENT COMME MOI.
MERDE ALORS, JE ME SUIS GOURÉ...
TENEZ
MERCI
ÉTONNANT, NON?
... J'AI CONFONDU... C'EST MOSCHÉ DAYAN QUI A SUBI L'ABLATION DE L'OREILLE DURANT LA DERNIÈRE GUERRE...
PENDANT LA EXACTIOU...
JE SUIS IMPARDONNABLE
FLAP FLAP FLAP
HÉ! MON NOEUD PAPILLON!!
GOTLIB

L'AUTRE FAÇON D'ÊTRE UN CON.

Dessin : Fabcaro

« L'intelligence c'est comme les parachutes. Quand on en a pas, on s'écrase. »

QUELLES DIFFÉRENCES Y A-T-IL ENTRE UN IMBÉCILE ET UN CON ? IL EXISTE UNE DIFFÉRENCE ENTRE L'IMBÉCILE ET LE CON, QUI TIENT EN UNE SEULE FORMULE D'UNE GRANDE SIMPLICITÉ...
L'IMBÉCILE LIT "FRANCE DIMANCHE", LE CON ÉCRIT "ICI PARIS".
LES CONS ONT-ILS BON MORAL ? OUI. ILS SONT TRÈS CONTENTS DE L'ÉVOLUTION DE LA SITUATION INTERNATIONALE. LES CONS AIMENT RIRE. ON EN RENCONTRE SOUVENT DANS LES SOUS-BOIS CAR ILS ADORENT LES PLAISANTERIES DE DERRIÈRE LES FAGOTS.
ET CELLE DE LA PUTE BORGNE ?
WARF WARF
L'OPTIMISME DU CON FAIT PLAISIR À VOIR.
PAR EXEMPLE, LES CONS CROIENT VRAIMENT QUE SI LA CHEMISE DE PAUL EST PLUS BLANCHE QUE LA CHEMISE DE JACQUES, C'EST GRÂCE À PERSIL ANTI-REDÉPOSITION.
WAAAAAH...
PERSIL
PAR AILLEURS, LES CONS, APRÈS RASAGE, S'ASPERGENT DE
BRUTE DE LA JUNGLE POUR NOUS LES HOMMES
BRUTE DE LA JUNGLE L'AUTRE FAÇON D'ÊTRE UN CON
COMMENT VIVENT LES CONS ? L'HIVER, LES CONS SE MASSENT SUR DES GRADINS ET CRIENT : "ALLEZ LES VERTS !" LE SIGNE DE SE TASSER SUR DES GRADINS EN CRIANT "ALLEZ LES VERTS !" EST UN SIGNE IRRÉFUTABLE DE CONNERIE.
D'AUTANT QUE CETTE ANNÉE À MON AVIS C'EST NANTES QUI VA GAGNER.
L'ÉTÉ, LES CONS FONCENT TÊTES BAISSÉES VERS LES PLAGES OÙ ILS AIMENT À S'AGGLUTINER POUR NE PAS PERDRE UNE MIETTE DE LA CHALEUREUSE PROMISCUITÉ IMMOBILIÈRE DE LA VILLE.
ILS FORMENT AINSI UN CONGLOMÉRAT DE FOURMIS, TÉNU ET CONTINU, DE CALAIS À HENDAYE ET DE PORT-VENDRES À NICE.
D'OÙ L'EXPRESSION : "ÊTRE UN PEU CON SUR LES BORDS."
AU PRINTEMPS, LES CONS NE VONT PAS "CHEZ" LE COIFFEUR, ILS VONT "À" LOURDES.

À L'AUTOMNE, LES CONS REVIENNENT DE LOURDES.
LOURDES
I ♥ LOURDES
SAUF CEUX QUI SE SONT NOYÉS EN S'APPROCHANT TROP PRÈS DU MANNEKEN PIS.
LES CONS MILITAIRES SONT-ILS PLUS DANGEREUX QUE LES AUTRES? AFFIRMATIF. ILS SONT FÉROCES ET POUSSENT DES CRIS DE BÊTE. ENTENDEZ-VOUS DANS NOS CAMPAGNES MUGIR CES FÉROCES SOLDATS? OUI? C'EST DES CONS.
RRROOOAARRR
OUAH, TU LE FAIS VACHEMENT BIEN LE MUGISSEMENT DU LION!
LES ENFANTS PEUVENT-ILS ÊTRE CONS? OUI. PAS LES MIENS: ILS SONT À L'ÉCOLE LIBRE. MAIS CELA PEUT ARRIVER.
J'AI PERSONNELLEMENT OBSERVÉ, LORS D'UNE VISITE À L'HÔPITAL DES ENFANTS MALADES DE PARIS, DEUX ENFANTS PARALYSÉS DES DEUX JAMBES SE MOQUER GRASSEMENT D'UN AUTRE ENFANT PRISONNIER D'UN POUMON D'ACIER.
AH AH AH
AH AH
Y PEUT PAS BOUGER LA TÊTE-EUH! LALALALÈRE-EUH!
LA RELÈVE DE LA CONNERIE EST DONC ASSURÉE.
Y A-T-IL DES CONS CÉLÈBRES? OH OUI! HÉLAS, LA LISTE EN EST BEAUCOUP TROP LONGUE. JE CITERAI CELUI QUI, À MON HUMBLE AVIS, EST LE ROI DES CONS...
J'AI NOMMÉ LE CÉLÈBRE MATHÉMATICIEN EUCLIDE QUI AFFIRME SANS RIRE:
LA LIGNE DROITE EST LE PLUS COURT CHEMIN D'UN POINT À UN AUTRE.
A
B
QUELLE CONNERIE! CHACUN SAIT QUE LA LIGNE DROITE NE PEUT ÊTRE LE PLUS COURT CHEMIN D'UN POINT À UN AUTRE!
I ♥ ATHÈNES
I ♥ ATHÈNES
SAUF, ÉVIDEMMENT, SI LES DEUX POINTS SONT BIEN EN FACE L'UN DE L'AUTRE.
I ♥ ATHÈNES
fabcaro

CARTIER
YEAH!
LA MIN... DE MONSIEUR ...YCLOPE...
YEAH!!!
HOOHO!
POUR NE PAS ÊTRE RIDICULE EN SOCIÉTÉ, IL FAUT ABSOLUMENT SAVOIR DISTINGUER UNE GARDIENNE D'IMMEUBLE D'UN OLÉODUC...
CERTES, À PREMIÈRE VUE, RIEN NE LES DISTINGUE L'UN DE L'AUTRE. MAIS, AVEC UN PEU D'ENTRAÎNEMENT NOUS DEVONS Y ARRIVER.
ALORS SEULEMENT NOUS NE SERONS PLUS CELUI DONT ON RIT EN DISANT " QUEL IMBÉCILE, IL A DONNÉ DES ÉTRENNES À UN OLÉODUC "
OU ENCORE...
" QUELLE ANDOUILLE, IL A REMPLI SA CONCIERGE DE PÉTROLE "
COMMENT FAIRE, DIREZ VOUS? REGARDEZ BIEN...
COMMENT VOUS APPELEZ VOUS MA BRAVE FEMME?
HAHAHA
PAULETTE
PAULINE BOUCHARD AVEC UN D!
VOUS AVEZ COMPRIS?
OUI, C'EST ÇA!
LE PIPE-LINE S'APPELLE PAULETTE ET LA PIPELETTE S'APPELLE PAULINE!
ÉTONNANT NON?
CLAP
CLAPCLAPCL
P

EN BREF

Dessin : **Sergio Aquindo**

MERCI POUR LUI

La quête, dimanche matin dans l'église de Springfield (Missouri), a exceptionnellement rapporté 200 dollars. Le fait que le quêteur était armé a probablement contribué à ce succès.

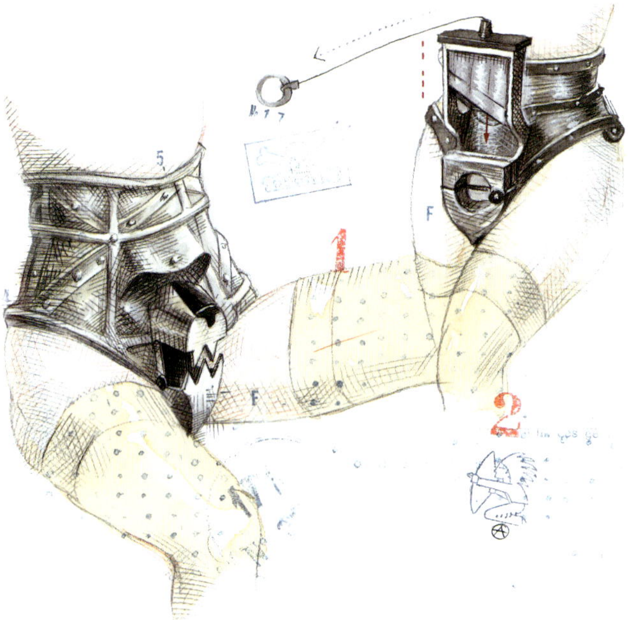

CEINTURE

Dieu merci, la mode de la pilule n'a pas encore tout à fait tué une certaine forme, désuète mais charmante, d'artisanat. Une firme anglaise a en effet vendu dix mille ceintures de chasteté l'année dernière.

PETITS BUNNIES

Le tiers des trois mille habitants de la bourgade de Loreto, au Nouveau-Mexique, s'appellent Davis. Ce sont les descendants de Lucas Davis, qui fonda la ville au début du siècle dernier, et qui, comme lapin, était extrêmement chaleureux.

Dessin : Alteau

LE PÈRE EST À SON OUVRAGE. IL ENTEND D'UNE OREILLE INCERTAINE.
ON NE DIT PAS "LE RÈGNE À NIMAL"...
...ON DIT "LE RÈGNE DE NIMAL" !!!
ULTRA VIXENS
LA MAÎTRESSE, ELLE A DIT "ANIMAL".
JE N'AIME PAS ÊTRE CONTREDIT PAR DES ÊTRES INFÉRIEURS. SURTOUT QUAND J'AI TORT. MAIS PUISQUE NOUS SOMMES MERCREDI ET QUE VOUS ÊTES DES MILLIERS, CHERS ADORABLES MINUS, À TRAÎNER À PORTÉE DE TRANSISTORS AU LIEU DE VOUS RENDRE UTILES EN DÉFENESTRANT LE CHAT POUR VOIR SI ÇA REBONDIT...
...VOICI MON COURS DU SOIR SUR LE RÈGNE ANIMAL. ON PREND SON CAHIER. ON PREND SON CRAYON NOIR JE NE VEUX PAS DE FEUTRE, ÇA TACHE LE CHOCOLAT. EN TITRE = LE RÈGNE ANIMAL.
ANIMAL EN UN SEUL MOT, IMBÉCILES!
Le règne animal: L'ANIMAL EST UN ÊTRE ORGANISÉ, DOUÉ DE MOUVEMENT ET DE SENSIBILITÉ ET CAPABLE D'INGÉRER DES ALIMENTS SOLIDES PAR LA BOUCHE, OU À CÔTÉ DE LA BOUCHE SI C'EST DU CHOCOLAT.
LE RÈGNE ANIMAL SE DIVISE EN TROIS PARTIES:
Les animaux.
L'homme.
Les enfants.

Les animaux SONT COMME DES BÊTES. D'OÙ LEUR NOM. NE POSSÉDANT PAS D'INTELLIGENCE SUPÉRIEURE, ILS PASSENT LEUR TEMPS À FAIRE DES BULLES OU A JOUER DANS L'HERBE AU LIEU D'ALLER AU BUREAU.
ILS MANGENT N'IMPORTE QUOI TRÈS SOUVENT PAR TERRE. ILS SE REPRODUISENT DANS LES CLAIRIÈRES, PARFOIS MÊME PLACE DE L'ÉGLISE, AVEC DES ZÉZETTES ET DES FOUFOUNETTES.
LES ANIMAUX NE SAVENT PAS QU'ILS VONT MOURIR. C'EST POURQUOI ILS CONTINUENT DE BATIFOLER QUAND ILS ONT 38°6
L'homme REMARQUONS AU PASSAGE QUE SI L'ON DIT "LES ANIMAUX" AU PLURIEL, ON DIT "L'HOMME" AU SINGULIER PARCE QUE L'HOMME EST UNIQUE.
BRÔAP!
PRÔTZ!
DE MÊME, NOUS DIRONS QUE LES ANIMAUX FONT DES CROTTES, ALORS QUE L'HOMME SÈME LA MERDE. L'HOMME EST UN ÊTRE DOUÉ D'INTELLIGENCE SANS SON INTELLIGENCE, IL JOUERAIT DANS L'HERBE OU FERAIT DES BULLES AU LIEU DE PENSER AU PRINTEMPS DANS LES EMBOUTEILLAGES
GRÂCE À SON INTELLIGENCE, L'HOMME PEUT VISSER DES BOULONS CHEZ RENAULT JUSQU'À SOIXANTE ANS SANS TIRER SUR SA LAISSE...
ESCLAVE
IL ARRIVE AUSSI, MAIS MOINS SOUVENT, QUE L'HOMME UTILISE SON INTELLIGENCE POUR DONNER À L'HUMANITÉ LA POSSIBILITÉ DE SE DÉTRUIRE EN UNE SECONDE. ON DIT ALORS QU'IL EST SUPÉRIEUREMENT INTELLIGENT. C'EST LE CAS DE M. EINSTEIN QUI EST MALHEUREUSEMENT MORT TROP TARD, OU DE M. SAKHAROV, QUI S'EST CONVERTI DANS L'HUMANISME ENFERMÉ, TROP TARD ÉGALEMENT.
LES HOMMES NE MANGENT PAS DE LA MÊME FAÇON SELON QU'ILS VIVENT DANS LE NORD OU DANS LE SUD DU MONDE. DANS LE NORD DU MONDE, ILS SE GROUPENT AUTOUR D'UNE TABLE. ILS MANGENT DES SUCRES LOURDS ET DES ANIMAUX GRAS EN S'APPELLANT "CHER AMI" PUIS SUCCOMBENT ÉTOUFFÉS DANS LEUR GRAISSE EN DISANT:
... DOCTEUR, DOCTEUR!
PIZZA RAPIDOS
Mc KRADO
CHIPS
DANS LE SUD DU MONDE, ILS SUCENT DES CAILLOUX OU DES PATTES DE VAUTOURS MORTS, ET MEURENT AUSSI, TOUT SECS ET DÉSOLÉS, ET PENCHÉS COMME LES ROSES QU'ON OUBLIE D'ARROSER.

POUR SE REPRODUIRE, LES HOMMES SE METTENT DES PETITES GRAINES DANS LE DERRIÈRE EN DISANT: "AH OUI, GERMAINE."
Les enfants CONTRAIREMENT À L'HOMME OU AUX ANIMAUX, NE SE REPRODUISENT PAS. POUR AVOIR UN BÉBÉ, IL EST NÉCESSAIRE DE CROIRE À CETTE HISTOIRE DE PETITE GRAINE.
MAIS BIEN SÛR!
BASIL
A B
4
MALHEUREUSEMENT, LES ENFANTS N'Y CROIENT PAS TELLEMENT. À FORCE DE VOIR JOUER LES ANIMAUX DANS L'HERBE AUX HEURES DE BUREAU, ILS S'IMAGINENT, DANS LEUR PETITE TÊTE PAS ENCORE ÉVEILLÉE À L'INTELLIGENCE, QU'IL FAUT DES ZÉZETTES ET DES FOUFOUNETTES POUR FAIRE DES BÉBÉS.
J'KIFFE!
EN RÉALITÉ, LES ENFANTS NE SONT NI DES HOMMES NI DES ANIMAUX. ON PEUT DIRE QU'ILS SE SITUENT ENTRE LES HOMMES ET LES ANIMAUX.
(N'IMPORTE QUOI!)
OBSERVONS UN HOMME OCCUPÉ À DONNER DES COUPS DE CEINTURE À UNE PETITE CHIENNE COCKER MARRANTE COMME UNE BOULE DE DUVET AVEC DES YEUX TRÈS ÉMOUVANTS. SI UN ENFANT VIENT À PASSER, IL SE MET AUSSITÔT ENTRE L'HOMME ET L'ANIMAL.
C'EST BIEN CE QUE JE DISAIS.
CE N'EST PAS UNE RAISON POUR NOUS COLLER DU CHOCOLAT SUR LA FIGURE QUAND NOUS ÉCRIVONS DES CHOSES LÉGÈRES POUR OUBLIER LES VAUTOURS !!!
QUAND AU MOIS DE MARS, JE LE DIS SANS AUCUNE ARRIÈRE-PENSÉE POLITIQUE, ÇA M'ÉTONNERAIT QU'IL PASSE L'HIVER.
★ALTEAU★ 2004 TEXTE = P. DESPROGES.

COCHON – n.m. Mammifère domestique élevé pour sa chair (famille des suidés). SYN. : porc.

Il faut noter que le cochon est un animal fort attachant. Il offre de nombreux points de comparaison avec un autre mammifère immonde et sans poils passé expert en l'art de semer sa merde et de se vautrer dedans.

Cependant, de nombreuses différences morphologiques ou de comportement permettent au plus demeuré des tueurs des halles de discerner au premier coup d'œil un cochon de base d'un employé aux écritures moyen.

Le cochon marche le plus souvent à quatre pattes en grognant des borborygmes vulgaires et incompréhensibles. L'employé aux écritures ne se conduit ainsi qu'en période de rut extrême, pour marquer son attachement à la pétasse zoophile de son choix. Par ailleurs, quand l'employé aux écritures patauge dans la gadoue, c'est souvent pour le plaisir, alors que le cochon ne s'y résout que contraint et forcé par l'employé aux fourches et fumier qui n'est autre que le sosie rural de l'employé aux écritures.

Enfin, le cochon renâcle aux portes de l'abattoir alors que l'employé aux écritures ou aux fourches monte à Verdun en chantant, ce qui prouve une fois de plus la supériorité absolue de l'espèce humaine dans le règne animal.

MES CHERS AMIS, JE RAPPELLE QU'IL FAIT UN TEMPS RADIEUX, CE 17 MAI 1712, À MIDI, ALORS QUE ROBINSON CRUSOÉ ARPENTE LA FACE NORD DE SON ÎLE TANDIS QUE SON FRONT ET SON CALEÇON SE BARRENT D'UN PLI SOUCIEUX ...
ET SUR LES GENOUX, LE TOUT EXTRÊMEMENT BURINÉ.
SOUDAIN, ROBINSON DRESSE QUOI ?
L'OREILLE.
NON, IL NE RÊVE PAS. APRÈS VINGT ANNÉES DE SOLITUDE TOTALE SUR L'ÎLE ALORS QU'IL N'ESPÉRAIT PLUS JAMAIS VOIR UN ÊTRE HUMAIN, C'EST BIEN UNE VOIX HUMAINE QUI MONTE VERS LE CIEL ...
LA LA LA LA
PSALMODIANT GAIEMENT CETTE MÉLOPÉE SAUVAGE QUI POUR ROBINSON, À CET INSTANT VAUT TOUTES LES SONATES DE MOZART QUI N'ÉTAIT D'AILLEURS SÛREMENT PAS NÉ EN 1712.

MAIS JE M'ÉCARTE DU SUJET ALORS QUE, POUR REPRENDRE LES TERMES DE MICHEL DEBRÉ, « CE N'EST PAS EN S'ÉCARTANT DU SUJET QU'ON VA REPEUPLER LA FRANCE ». PAR-DESSUS L'AMPLE RIDEAU DE LIANES DE LA FORÊT VIERGE, LA VOIX SE RAPPROCHE.
MOI Y'EN A VOULOI' TOI Y TE SOUVIENNE LI JOU-Z-HEU'EUX
TOI Y'EN A MON Z'AMI. EN CI TEMPS-LÀ MA DOUDOU LI PLUS BELLE
À CETTE MUSIQUE DIVINE, ROBINSON NE SE SENT PLUS DE JOIE. UN IMMENSE FRISSON DE JOIE LE PARCOURT DE
LÀ
A
LÀ
ET SON DERRIÈRE PLUS BRÛLANT QU'AUJOURD'HUI...
IL SE RETOURNE...
MES 'OUBIGNOLLES SE RAMASSENT À LA PELLE
ET, LÀ, ÉMERGEANT SOUDAIN ENTRE LES TRONCS NACRÉS DE DEUX PLATANES...
DONT ON SE DEMANDE CE QU'ILS FOUTAIENT LÀ À QUINZE MILLE BORNES D'AIX-EN-PROVENCE,
TOI Y'EN A FAILLI MARCHER D'SSUS
APPARAÎT, NU COMME UN DIEU SOLITAIRE ET BEAU COMME UN VER IMMORTEL, OU LE CONTRAIRE,
MES 'OUBIGNOLLES SE RAMASSENT À LA PELLE...
COMME VOUS VOUDREZ, UN ÊTRE MAGNIFIQUE, MI-HOMME, MI-NÈGRE.

SA LARGE BOUCHE GOURMANDE AUX LÈVRES CHARNUES, À L'OURLET DÉLICATEMENT BOURSOUFLÉ, SEMBLANT PLUS FAITE POUR LE BAISER QUE POUR L'ARRACHAGE DES BETTERAVES SUCRIÈRES,
SE BARRE D'UN PLI SOUCIEUX QUI VA DE
LÀ À LÀ
LES SOUVENI ET ♫
LES REGRETS MON CUL ♪
ROBINSON N'Y TIENT PLUS. PRENANT SON COURAGE ET SON CALEÇON À DEUX MAINS
IL SE PRÉCIPITE SUR L'HOMME
MAIS CELUI-CI PREND PEUR.
C'EST LA PREMIÈRE FOIS DE SA VIE QU'IL VOIT UN HOMME BLANC. IL TENTE DE FUIR ...
VERS LA FORÊT, MAIS ROBINSON, ENFIN DÉBARRASSÉ DE CE PUTAIN DE CALEBAR, COURT PLUS VITE ENCORE.

TROP AFFOLÉ POUR REGARDER OÙ IL MET LES PIEDS ...
L'INCONNU SE PREND LA JAMBE DANS UNE LIANE.
IL S'ÉTALE DE TOUT SON LONG
COMPLÈTEMENT AFFOLÉ,
IL SE RETOURNE VERS SON POURSUIVANT ...
ALORS C'EST UN LARGE SOURIRE QUI VIENT AUX LÈVRES DE ROBINSON ...
QUI S'APPROCHE DU MALHEUREUX SAUVAGE TERRORISÉ ET QUI,
METTANT UN GENOUX EN TERRE, SE PENCHE VERS LUI ...
ET DIT
VOUS AVEZ VOTRE CARTE DE SEJOUR ?
TELS FURENT LES PREMIERS MOTS DE ROBINSON À CELUI QUI ALLAIT S'APPELER VENDREDI.
POURQUOI VENDREDI ET NON PAS DIMANCHE ? TOUT SIMPLEMENT POUR REPRENDRE LE MOT CHARMANT DE LOUISE MICHEL DÉCLINANT L'INVITATION DE KARL MARX À LA SOIRÉE DE CLÔTURE DE LA PREMIÈRE INTERNATIONALE :
DIMANCHE C'EST PAS POSSIBLE, J'AI MES RADADAS.

Si ce sont les meilleurs qui partent les premiers,
que penser alors des éjaculateurs précoces ?
BOUHOUHOU
HOUHOU
Je nettoyais mon âme quand le coup est parti ...
Zou 2005

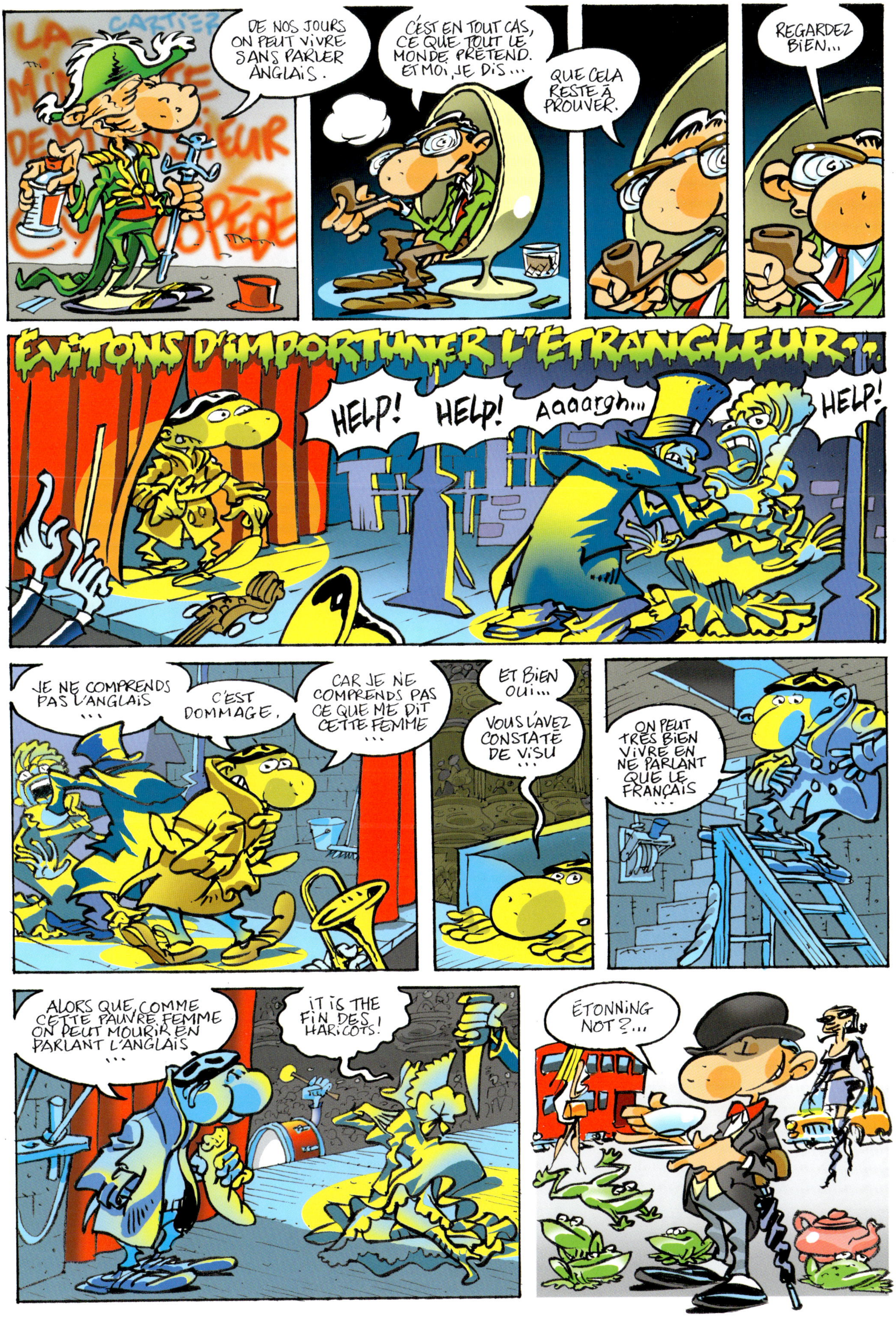
Cartier
La minute de Monsieur Cyclopède
De nos jours on peut vivre sans parler anglais.
C'est en tout cas, ce que tout le monde prétend. Et moi, je dis...
Que cela reste à prouver.
Regardez bien...
Évitons d'importuner l'étrangleur...
HELP! HELP! Aaaargh... HELP!
Je ne comprends pas l'anglais...
C'est dommage.
Car je ne comprends pas ce que me dit cette femme...
Et bien oui...
Vous l'avez constaté de visu...
On peut très bien vivre en ne parlant que le français...
Alors que, comme cette pauvre femme on peut mourir en parlant l'anglais...
It is the fin des haricots!
Étonning not?...

ET L'INTELLIGENCE, C'EST DU POULET ?

TEXTE DE **PIERRE DESPROGES** (EXTRAIT)

Qu'est-ce que l'intelligence? La grande différence entre l'homme et la bête, c'est l'intelligence. Comme le rire, l'intelligence est le propre de l'homme, et beaucoup plus rarement de la femme, mais c'est de moindre importance car la femme, pour peu qu'elle soit belle, n'a guère besoin d'être intelligente. Pour peu qu'elle soit moche, elle a encore moins besoin d'être intelligente.

[...] Donc, l'intelligence distingue l'homme de la bête. Pour s'en convaincre, livrons nous à une petite expérience fort simple. Prenons un homme que nous appellerons Albert. (S'il ne vient pas lorsque nous l'appelons Albert, appelons-le René ou Sigismond, ça n'a aucune espèce d'importance. Personnellement, je m'en fous complètement.) Je disais « Prenons un homme que nous appellerons Albert et un chien que nous appellerons Kiki. » (Ce sont juste des appellations arbitraires que je choisissais au hasard pour aider à la compréhension de cette expérience.) Bien. Prenons un homme que... (Si vous préférez appeler le chien Albert et l'homme Kiki, je m'en fous, vous pouvez pas savoir à quel point. Simplement... c'est ridicule. Aucun chien ne s'appelle Albert. Aucun homme ne s'appelle Kiki. Seuls les chiens et les femmes s'appellent Kiki. Kiki Caron, par exemple.) Bon. Prenons un homme... (Je sais bien que Kiki Caron c'est un nom qui n'évoque plus rien aux moins de soixante ans. C'était une nageuse. Pas dans l'équipe est-allemande. Une femme.) Bon, trêve de digressions oiseuses. Revenons à l'intelligence, car je sens bien qu'on s'en écarte. Donc, soit un homme qui répond au nom d'Albert... (S'il ne répond pas au nom d'Albert, ne nous affolons pas, c'est peut-être qu'il est sourd. Pardon. Qu'il est malentendant. Je ne voudrais surtout pas vexer les aveugles qui nous lisent par milliers.)

Donc, soit un homme qui répond au nom d'Albert et un chien qui répond au nom de Kiki. Pour démontrer que l'homme est beaucoup plus intelligent que le chien, il nous suffira de les conduire tous les deux au front à Verdun alors que le combat fait rage et que les obus font des trous dans les jeunes gens qui poussent des petits cris désespérés en ramassant leurs intestins dans la boue des tranchées.

Au moment où le capitaine crie : « À l'assaut les p'tits gars ! », lâchons simultanément l'homme qui répond au nom d'Albert et le chien qui répond au nom de Kiki. Qu'observons-nous ?

Alors que le chien file se planquer dans les sous-bois, l'homme court se faire éventrer en criant : « Mort aux Boches ! » N'est-ce pas la preuve que l'homme est plus intelligent que le chien?

[...] Au plus bas degré de l'intelligence, il y a l'imbécile, c'est-à-dire tout le monde, c'est-à-dire vous et moi. Surtout vous. Moi, je ne peux pas être vraiment un imbécile, car je suis un être différent. C'est marqué dans mon journal : « Après chaque rasage, utilisez BRUT de Mèmène, l'after-shave au céleri rave. Vous serez un être différent. » Nous sommes ainsi des milliers en France à être des êtres différents. Il ne faut pas nous confondre avec les imbéciles qu'on reconnaît aisément : les imbéciles ne se mettent rien sur la figure après chaque rasage, et, d'autre part, leur chemise est moins blanche que la chemise de mon mari. Mais il faut pas désespérer des imbéciles. Avec un peu d'entraînement, on peut arriver à en faire des militaires.

Et l'intelligence, c'est du poulet ?

Permutation du cadre par dissolution dans un contexte à forte respectabilité : l'univers politique.

Permutation du cadre par dissolution dans un contexte à forte respectabilité : l'univers religieux.

Sainte Barbe, abjurant sa foi, refuse le soutien de l'Esprit-Saint.

Saint Frusquin l'encourageant sur cette voie.

Chute des deux Saints.

Permutation du cadre par dissolution dans un contexte à forte respectabilité : l'univers militaire.

Permutation du cadre par dissolution dans un contexte à forte respectabilité : l'univers scientifique.

« La caractéristique vestimentaire du con consiste en un besoin irrésistible de s'habiller comme tout le monde. »

Fermentation du contenu par concentration de la dose d'ineptie.

Vaporisation du sens par passage dans la cinquième dimension.

Réduction de l'anthropocentrisme par substitution homme/bête.

Intensification du réalisme par procédé photographique.

Sublimation de la forme par emprunt à l'art figuratif.

Femme sans bustier, par Edgar Degas
Toile - 1877 - 92 X 62 cm - Coll. part.

L'Indifférent, par Edgar Degas
Toile - 1877 - 92 X 62 cm - Coll. part.

La Chute, par Edgar Degas
Toile - 1877 - 92 X 62 cm - Coll. part.

Sublimation de la forme par emprunt à l'art abstrait.

"Ho !" par Piet Mondrian
Toile - 1927 - 87 X 87 cm - Coll. part.

"Pfff !" par Piet Mondrian
Toile - 1927 - 87 X 87 cm - Coll. part.

"Boum !" par Piet Mondrian
Toile - 1927 - 87 X 87 cm - Coll. part.

Transmutation du style par puérilisme.

Désintégration structurelle par anastrophe des vignettes

EN BREF

Dessin : **Sergio Aquindo**

BOUCHE-TROU

En regardant à la télévision un documentaire extrêmement soporifique sur le conditionnement sous aluminium des petits pois mi-fins, Mme Emilia Guerrini, de Bologne, s'est littéralement décroché la mâchoire en bâillant. Elle est restée bouche bée jusqu'à ce qu'un médecin lui rabatte le caquet.

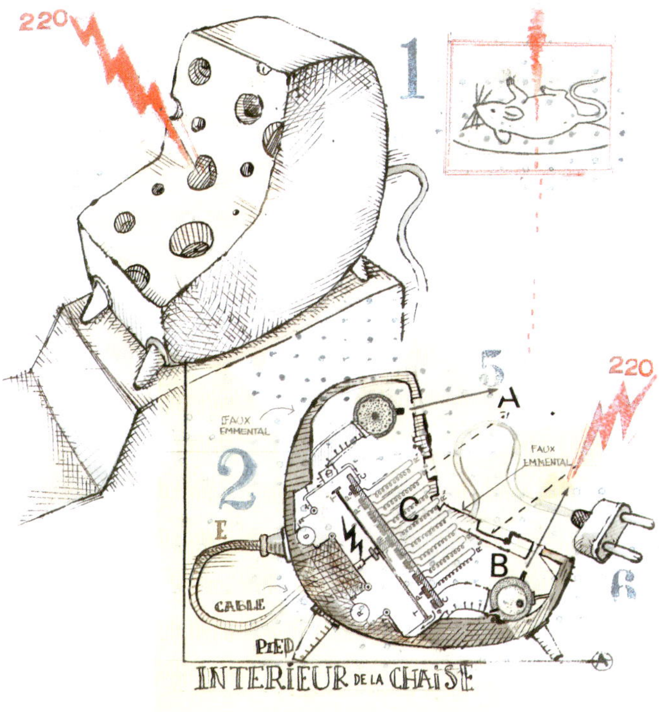

COUIC

Ray McClure est l'un de ces petits génies qui passent leur temps à inventer des bricoles dont vous ne doutiez pas que vous ne pouviez pas vous en passer, jusqu'au jour où il vous les mets sous le nez. Sa dernière : -restez assis- la chaise électrique à tuer les souris.

OLÉ OLÉ

Il n'y a pas grand-chose à dire sur ce taureau d'un élevage du Sussex qui est en train de changer de sexe, sinon qu'il est sous surveillance médicale, et qu'il va de mâle en pis.

QUI SUIS-JE ?

« Je n'ai pas eu la chance de vivre une enfance malheureuse. Je n'ai jamais batifolé dans les poubelles à la recherche d'un improbable croûton. Au contraire, j'ai acquis une culture bourgeoise qui me permet de distinguer au premier coup d'œil le théâtre de Labiche de celui de Marguerite Duras. » [1]

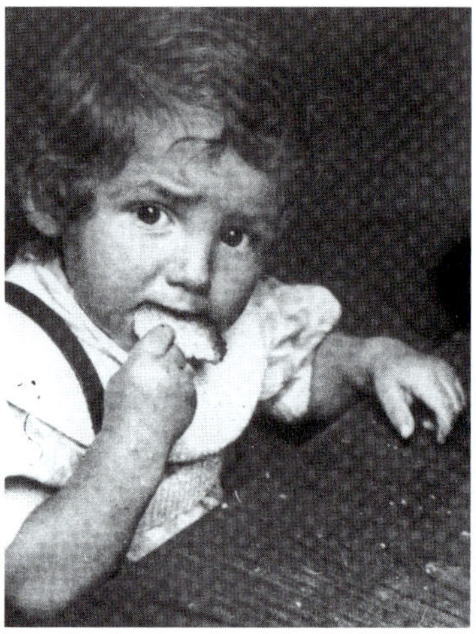

PHOTO COLLECTION PARTICULIERE

Pierre Desproges est né le 9 mai 1939 à Pantin. Ses parents sont dans l'enseignement, ce qui l'entraîne à beaucoup voyager dès son plus jeune âge, lui qui plus tard aura tant de mal à s'éloigner du 9e arrondissement de Paris. Il se retrouve même dans les colonies, au Laos et en Afrique.

Pierre Desproges n'aime pas beaucoup parler de son enfance. Les mauvais souvenirs semblent s'être accumulés. «*Rien d'avouable*», écrit-il dans la biographie de son premier spectacle au théâtre Fontaine. «*Entre quatorze et dix-huit ans, j'étais un cafard couché sur le dos qui n'arrivait pas à se remettre sur ses pattes.*» Pourtant, son humour est déjà présent : «*J'étais atrabilaire – ou cyclothymique – à l'école. Je faisais rire sans y attacher d'importance, je faisais de la parodie. Je n'avais jamais pensé que ça pourrait être un métier.*» [2] Ce qui n'échappe pas à son père qui, remarquant ses talents de fantaisiste, lui déclarera un jour qu'il deviendra fonctionnaire!

« Quand j'avais vingt ans, je ne savais pas si je voulais devenir moine, ministre ou clochard. »

Sa fantaisie n'épargne personne et son goût de la farce se révèle : «*Nous habitions un appartement situé au premier étage de la rue Godot de Mauroy. Avec un copain, nous nous déguisions en putes et nous aguichions les passants depuis le balcon. Un jour, dix japonais ont voulu enfoncer notre porte...*»

À l'automne 1959, Pierre Desproges part pour le service militaire. Pour raccourcir sa durée, il se marie pour de rire avec une copine, Mab. Il est d'abord aux transmissions à Épinal, avant de rejoindre l'Algérie. À cause de la guerre, il restera tout de même 28 mois sous les drapeaux. Il en gardera un mépris définitif pour l'armée : «*J'ai fait mon service à une époque grandiose où on faisait vingt-huit mois, et ça, j'en ai gardé une rancœur totale. J'étais déjà misanthrope avant de vivre dans une chambrée, mais quand on a vécu près de deux ans au milieu de gens qui font des concours de pets... Déjà qu'on n'aime pas ses semblables, on les aime encore moins après.*» [3] Il divorcera peu après son retour de l'armée. La seule chose positive qu'il gardera de cette expérience, c'est la découverte d'un grand auteur, Alexandre Vialatte, dont les écrits auront une influence majeure sur son œuvre.

Pierre Desproges suit alors des études de kinésithérapie, sans vraiment en ressentir la moindre vocation : «*Quand j'avais vingt ans, je ne savais pas si je voulais devenir moine, ministre ou clochard, alors j'ai tatillonné à droite à gauche et j'ai fait un stage de kinésithérapie. On massait les os cliquetants des vieillards décharnés, les malheureux. C'est là que j'ai vu la misère humaine et le médecin debout, qui regarde la maladie, et non le malade.*» [4]

En juillet 1967, Pierre Desproges entre au quotidien *L'Aurore*. «*En réalité, j'ai choisi "L'Aurore" parce que c'était plus près de chez moi que "L'Humanité". Car je n'ai aucune conscience politique et à l'époque je n'avais pas non plus la moindre ambition.»* [5] Il se fait remarquer par le directeur des infos générales, qui n'apprécie pas son impertinence et le renvoie au bout de quelques mois. Il s'ensuit une succession de petits travaux, tous plus improbables les uns que les autres : vendeur d'assurance-vie, enquêteur à l'Ifop, auteur de romans-photos… Il répondra même au courrier du cœur dans *Bonne Soirée* sous le pseudonyme de Liliane D'Orsay, comme une quinzaine d'années plus tôt un autre très grand humoriste, René Goscinny.

« L'humanité est un cafard, la jeunesse est son ver blanc. »

En mai 1968, Desproges est directeur commercial. *«J'étais devenu directeur commercial d'une société qui fabriquait des poutres en polystyrène que l'on collait au plafond. C'était une horreur. J'avais inauguré l'invention dans un grand restaurant. J'en avais plein au plafond : au début de la soirée, les poutres sont tombées dans la soupe.»* [6]

Peu concerné par l'agitation étudiante, il suit les événements de très loin : *«L'humanité est un cafard, la jeunesse est son ver blanc. Autant que la vôtre, je renie la mienne, depuis que je l'ai vue s'échouer dans la bouffonnerie soixante-huitarde où de crapoteux universitaires grisonnants, au péril de leur prostate, grimpaient sur des estrades à théâtreux pour singer les pitreries maoïstes de leurs élèves, dont les plus impétueux sont maintenant chefs de choucroute à Carrefour.»*

Cette année-là, ce n'est donc pas Daniel Cohn-Bendit « *faisant l'andouille avec des boutonneux* » qui marque à tout jamais Pierre Desproges, mais sa rencontre, à St Gilles Croix de Vie, avec une jeune fille, Hélène, qu'il épousera rapidement : *«J'ai une femme qui est ma meilleure femme, ma meilleure maîtresse, mon meilleur amant, mon meilleur copain et mon meilleur financier.»* [3]

Pierre Desproges retourne à *L'Aurore*, après un petit passage par *Paris-Turf*. *«Pendant un an, j'ai fait des pronostics au hasard en choisissant les chiffres qui me plaisaient et sans parvenir à reconnaître un pur-sang d'une charolaise.»*

À *L'Aurore*, Pierre Desproges écrit pour la rubrique des faits divers. Ce qui lui vaudra une correspondance suivie avec l'ennemi public n° 1 de l'époque, Jacques Mesrine, qui n'a pas apprécié la description de son arrestation, et le menace même d'un procès en diffamation. Reste que le rédacteur en chef de *L'Aurore* n'est toujours pas tellement convaincu des talents de Desproges journaliste d'investigation. On lui confie alors la rubrique «Bref». Il s'en donne à cœur joie, et son talent éclate au grand jour, même s'il reste encore beaucoup incompris. *«Il s'agit d'un ramassis de petites nouvelles internationales, insolites et rigoureusement authentiques, que Pierre Desproges s'ingénie à assaisonner de son humour personnel qui, par définition, ne fait rire que lui et une partie éloignée de sa famille…»* écrit-il en texte d'accroche du *Petit Reporter*, livre recueillant toutes ces brèves.

Il manque de nouveau de se faire virer du journal, mais est sauvé par un courrier envoyé par Françoise Sagan : *«Je ne lis pas "L'Aurore", mais je l'achète chaque matin pour Desproges.»*

« Un jour, j'ai eu celle-ci : " Le Belge John Huismans a réussi à tirer une locomotive sur 150 mètres à la seule force de ses dents". Il fallait une chute, j'ai écrit : "À notre connaissance, c'est la première fois qu'un Belge s'appelle John".», explique Pierre Desproges. *« C'est à cause de cette phrase que Jacques Martin m'a embauché au "Petit Rapporteur".»* [2]

En octobre 1975, Pierre Desproges débute dans cette émission satirique dominicale télévisée. *«En un dimanche,*

En 1976, paraît un recueil des brèves écrites pour "L'Aurore". En quatrième de couverture, on peut lire : « Il s'agit d'un ramassis de petites nouvelles internationales, insolites et rigoureusement authentiques, que Pierre Desproges s'ingénie à assaisonner de son humour personnel qui, par définition, ne fait rire que lui est une partie de sa famille. »

DESSINS EDIKA

tu as été vu par plus de monde que Louis Jouvet dans toute sa carrière », lui dit Jacques Martin. En effet, l'émission recueille 95 % de part de marché et 18 millions de téléspectateurs. Une interview de Françoise Sagan lui apporte la gloire. Après avoir tâté la robe de l'écrivain, il lui demande en bafouillant : « *Joli tissu, mais dites-moi, ça se lave facilement ?* » avant de demander « *du tilleul avec des mouillettes* ». Pierre Desproges s'entend particulièrement bien avec Daniel Prévost avec qui il réalise, entre autres choses, une interview épique de Jean-Edern Hallier allant jusqu'à se battre devant lui. « *C'est un comédien merveilleux. On s'entendait comme deux larrons en foire.* » Il ne réserve cependant pas de tels commentaires pour tout l'équipe de Jacques Martin (« *Stéphane Collaro était plus drôle à l'époque où il travaillait au service des sports* ») et au bout de quelques mois, il claque la porte, fatigué de l'ambiance, et désireux de voir grandir sa première fille, Marie. Celui qui était devenu le chouchou des téléspectateurs doit retrouver du travail.

« En un dimanche, tu as été vu par plus de monde que Louis Jouvet dans toute sa carrière. »

– Jacques Martin –

Bruno Coquatrix lui ouvre les portes de l'Olympia. Il lui propose le rôle de Monsieur Loyal. À cette époque, il y a encore plusieurs parties avant la vedette principale. Pierre Desproges est chargé de faire les enchaînements entre chaque artiste. « *J'ai animé ensuite le spectacle de Dalida à l'Olympia. Ça a été épouvantable : dans les couloirs, j'étais poursuivi par Orlando, le frère et manager, qui voulait me faire la peau et disait comme un leitmotiv : "Il nous emmerde celui-là avec ses 'humoursteries'. Il dit que ma sœur et moi on a un accent, c'est pas vrai !"* »[7]

Il présente également Thierry Le Luron. Un excellent imitateur, certes, mais pas aussi doué que Pierre Desproges, le seul à savoir imiter tous les soirs son beau-frère George, devant le regard consterné d'une bonne partie du public. Mais Le Luron apprécie et Desproges fera sa première partie à Bobino un an plus tard.

En 1977, Perrine, la seconde fille de Pierre et Hélène naît. Ses enfants sont vraiment sa joie de vivre. Comme il le dira plus tard, s'il devait garder qu'une chose dans sa vie, il « *referait des enfants avec la même femme* ».

En 1978, Pierre Desproges fait ses débuts à la radio dans une émission de Jean-Louis Foulquier, *Saltimbanques*, où il écrit les fausses nécrologies des invités. Il est ensuite engagé par Thierry Le Luron,

Dans "Fluide Glacial", Edika et Arthur Conan Doc chroniquent le spectacle de Desproges au théâtre Grévin : « Quelques sketches confinent au génie pur, notamment celui des cintres et celui de l'ascenseur. Sa pêche et son rythme assurent le reste. Il a pour lui la jeunesse, la vache, il s'épate encore d'être devant un public vivant. »

toujours lui, pour une émission hebdomadaire, *Des parasites à l'antenne*. Pierre travaille avec Evelyne Grandjean, avec qui il essaiera même de monter un spectacle : « *On a écrit à deux, en six mois, trois quarts d'heure de spectacle. Alors que tout seul, en deux mois, je fais du meilleur travail. Ce n'est pas de sa faute, ni de la mienne.* »

En 1980, Pierre Desproges revient sur le petit écran dans l'émission dorénavant culte, *L'Île aux enfants*. Aux côtés de Casimir, il devient le professeur Corbiniou. Corbiniou prodigue aux enfants des conseils crétins et propose des recettes surprenantes, comme celle des macaronis farcis au poulet, ou encore la recette de l'eau chaude.

« Je compte exhaler ma colère contre toutes les bêtises y compris la mienne. »

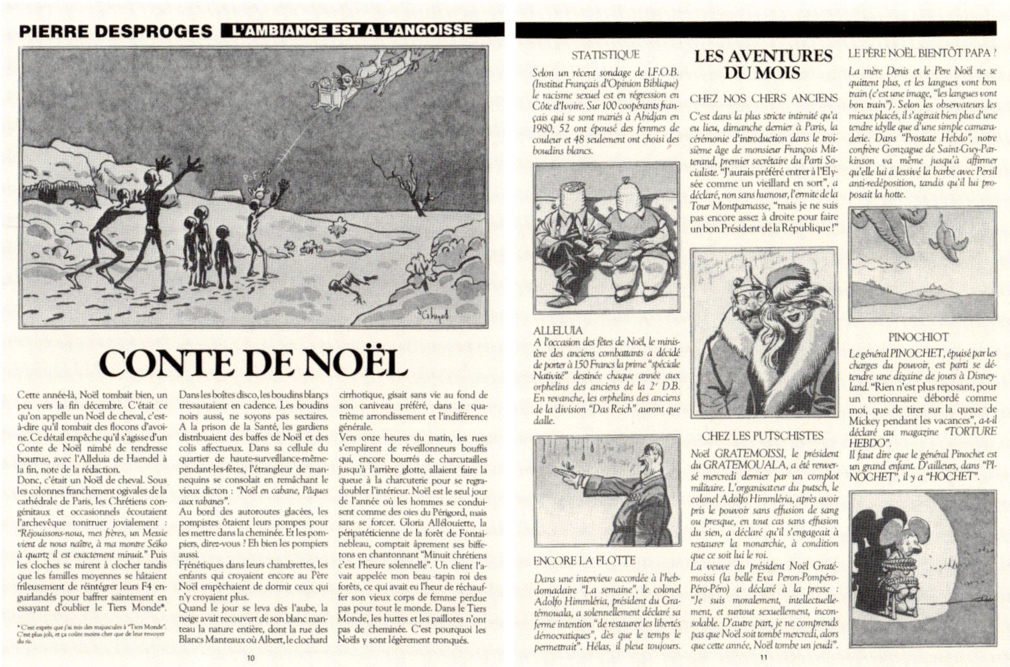
PIERRE DESPROGES L'AMBIANCE EST A L'ANGOISSE

CONTE DE NOËL

Cette année-là, Noël tombait bien, un peu vers la fin décembre. C'était ce qu'on appelle un Noël de cheval, c'est-à-dire qu'il tombait des flocons d'avoine. Ce détail empêche qu'il s'agisse d'un Conte de Noël nimbé de tendresse bourrue, avec l'Alleluia de Haendel à la fin, note de la rédaction.

Donc, c'était un Noël de cheval. Sous les colonnes franchement ogivales de la cathédrale de Paris, les Chrétiens congénitaux et occasionnels écoutaient l'archevêque tonitruer jovialement : "*Réjouissons-nous, mes frères, un Messie vient de nous naître, à ma montre Seïko à quartz il est exactement minuit.*" Puis les cloches se mirent à clocher tandis que les familles moyennes se hâtaient frileusement de réintégrer leurs F4 enguirlandés pour baffrer saintement en essayant d'oublier le Tiers Monde*.

Dans les boîtes disco, les boudins blancs tressautaient en cadence. Les boudins noirs aussi, ne soyons pas sectaires. A la prison de la Santé, les gardiens distribuaient des baffes de Noël et des colis affectueux. Dans sa cellule du quartier de haute-surveillance-même-pendant-les-fêtes, l'étrangleur de mannequins se consolait en remâchant le vieux dicton : "*Noël en cabane, Pâques aux rabanes*".

Au bord des autoroutes glacées, les pompistes ôtaient leurs pompes pour les mettre dans la cheminée. Et les pompiers, direz-vous ? Eh bien les pompiers aussi.

Frénétiques dans leurs chambrettes, les enfants qui croyaient encore au Père Noël empêchaient de dormir ceux qui n'y croyaient plus.

Quand le jour se leva dès l'aube, la neige avait recouvert de son blanc manteau la nature entière, dont la rue des Blancs Manteaux où Albert, le clochard cirrhotique, gisait sans vie au fond de son caniveau préféré, dans le quatrième arrondissement et l'indifférence générale.

Vers onze heures du matin, les rues s'emplirent de réveillonneurs bouffis qui, encore bourrés de charcutailles jusqu'à l'arrière glotte, allaient faire la queue à la charcuterie pour se regradoubler l'intérieur. Noël est le seul jour de l'année où les hommes se conduisent comme des oies du Périgord, mais sans se forcer. Gloria Allélouiette, la péripatéticienne de la forêt de Fontainebleau, comptait âprement ses biffetons en chantonnant "Minuit chrétiens c'est l'heure solennelle". Un client l'avait appelée mon beau tapin roi des forêts, ce qui avait eu l'heur de réchauffer son vieux corps de femme perdue pas pour tout le monde. Dans le Tiers Monde, les huttes et les paillotes n'ont pas de cheminée. C'est pourquoi les Noëls y sont légèrement tronqués.

* C'est exprès que j'ai mis des majuscules à "Tiers Monde". C'est plus joli, et ça coûte moins cher que de leur envoyer du riz.

10

STATISTIQUE

Selon un récent sondage de I.F.O.B. (Institut Français d'Opinion Biblique) le racisme sexuel est en régression en Côte d'Ivoire. Sur 100 coopérants français qui se sont mariés à Abidjan en 1980, 52 ont épousé des femmes de couleur et 48 seulement ont choisi des boudins blancs.

ALLELUIA

A l'occasion des fêtes de Noël, le ministère des anciens combattants a décidé de porter à 150 Francs la prime "spéciale Nativité" destinée chaque année aux orphelins des anciens de la 2e D.B. En revanche, les orphelins des anciens de la division "Das Reich" auront que dalle.

ENCORE LA FLOTTE

Dans une interview accordée à l'hebdomadaire "La semaine", le colonel Adolfo Himmléria, président du Gratémouala, a solennellement déclaré sa ferme intention "de restaurer les libertés démocratiques", dès que le temps le permettrait". Hélas, il pleut toujours.

LES AVENTURES DU MOIS

CHEZ NOS CHERS ANCIENS

C'est dans la plus stricte intimité qu'a eu lieu, dimanche dernier à Paris, la cérémonie d'introduction dans le troisième âge de monsieur François Mitterand, premier secrétaire du Parti Socialiste. "J'aurais préféré entrer à l'Elysée comme un vieillard en sort", *a déclaré, non sans humour, l'ermite de la Tour Montparnasse*, "mais je ne suis pas encore assez à droite pour faire un bon Président de la République !"

CHEZ LES PUTSCHISTES

Noël GRATEMOISSI, *le président du* GRATEMOUALA, *a été renversé mercredi dernier par un complot militaire. L'organisateur du putsch, le colonel Adolfo Himmléria, après avoir pris le pouvoir sans effusion de sang ou presque, en tout cas sans effusion du sien, a déclaré qu'il s'engageait à restaurer la monarchie, à condition que ce soit lui le roi.*

La veuve du président Noël Gratémoissi (la belle Eva Peron-Pompéro-Péro-Péro) a déclaré à la presse : "Je suis moralement, intellectuellement, et surtout sexuellement, inconsolable. D'autre part, je ne comprends pas que Noël soit tombé mercredi, alors que cette année, Noël tombe un jeudi".

LE PÈRE NOËL BIENTÔT PAPA ?

La mère Denis et le Père Noël ne se quittent plus, et les langues vont bon train (c'est une image, "les langues vont bon train"). Selon les observateurs les mieux placés, il s'agirait bien plus d'une tendre idylle que d'une simple camaraderie. Dans "Prostate Hebdo", notre confrère Gonzague de Saint-Guy-Parkinson va même jusqu'à affirmer qu'elle lui a lessivé la barbe avec Persil anti-redéposition, tandis qu'il lui proposait la hotte.

PINOCHIOT

Le général PINOCHET, *épuisé par les charges du pouvoir, est parti se détendre une dizaine de jours à Disneyland.* "Rien n'est plus reposant, pour un tortionnaire débordé comme moi, que de tirer sur la queue de Mickey pendant les vacances", *a-t-il déclaré au magazine* "TORTURE HEBDO".

Il faut dire que le général Pinochet est un grand enfant. D'ailleurs, dans "PI-NOCHET", il y a "HOCHET".

11

DESSINS MAX CABANES

Double page parue dans "Pilote" en décembre 1980. Engagé par Guy Vidal, Pierre Desproges s'amuse aux côtés d'auteurs comme Lauzier, Pétillon, Martin Veyron, Régis Franc, mais aussi Louis Nucéra et Marie-Ange Guillaume. Il aime la bande dessinée : Gotlib, Reiser, Edika, les "Idées Noires" de Franquin et "Lucky Luke". D'ailleurs, il écrirait bien un scénario pour Morris.

Pierre Desproges commence également à écrire pour le mensuel de bandes dessinées, *Pilote*. Cette collaboration le réjouit énormément, il croise des dessinateurs qu'il admire et apprécie particulièrement Guy Vidal, le rédacteur en chef de l'époque. Seul bémol, l'absence de René Goscinny, disparu trop tôt : « *J'ai touché la main de Brassens, je suis au mieux avec Sempé, j'ai bien connu René Fallet, un soir à Montmartre, j'ai même salué Marcel Aymé qui parlait aux pigeons. Alors si vous me demandez aujourd'hui qui je suis, je répondrai que je suis l'homme qui n'a pas dit bonjour à Goscinny.* » [8]

Son talent d'auteur est reconnu, et les éditions du Seuil lui proposent d'écrire un livre, qui lancera une nouvelle collection, *Point Virgule*.

Pierre Desproges écrit le *Manuel de savoir-vivre à l'usage des rustres et des malpolis*. Un livre ou le lecteur apprend que les enfants sont des cons, comment aborder une jolie femme, les bonnes manières au lit... « *Je compte exhaler ma colère contre toutes les bêtises y compris la mienne. J'ai aussi l'ambition, dans ce manuel de savoir-vivre à l'usage des rustres et des malpolis, de traiter des questions fondamentales qu'on peut résumer ainsi : qui sommes-nous ? d'où venons-nous ? où allons-nous ? qu'est-ce qu'on mange ce soir ?* »

Pierre Desproges reproduit également une lettre envoyée au Trésor Public pour le remercier d'un remboursement de 1,30 francs. Avec il envisage d'acheter demi-baguette, et « *avec les cinq centimes en trop un roudoudou ou deux carambars, à moins que je décide d'aider la recherche contre le cancer* » et d'ajouter « *Ici, il fait un temps dégueulasse. J'espère qu'à cedex 09, vous avez beau temps.* »

Son œuvre littéraire s'enrichira au fil du temps d'autres titres, dont *Vivons heureux en attendant la mort* ou *Des femmes qui tombent*.

Suite page 61

QUI SOMMES-NOUS ?

D'OÙ VENONS-NOUS ?

OÙ ALLONS-NOUS ?

QU'EST-CE QU'ON MANGE CE SOIR ?

SACHONS RECONNAÎTRE UNE FEMME D'UN HOMME

« Je passe pour un misogyne aux yeux des connes, pas aux yeux des femmes. »

EN SPORT, LES ÉQUIPES FÉMININES SONT LAMENTABLES, COMPARÉES AUX ÉQUIPES MASCULINES OU EST-ALLEMANDES...
1
2
3
EN POLITIQUE, LES FEMMES SONT GÉNÉRALEMENT NULLES. LA FEMME CHOISIRA LE CANDIDAT LE PLUS BEAU...
ALORS QUE L'HOMME CHOISIRA LE CANDIDAT LE PLUS HONNÊTE
LES FEMMES FRANÇAISES SONT QUAND MÊME MOINS NULLES QUE LES FEMMES ÉTRANGÈRES
... QUI METTENT DES BIGOUDIS POUR ALLER CHERCHER LE PAIN ET QUI ONT LES PIEDS TROP LONGS
COMME L'ÉCRIVAIT SI JUSTEMENT DÈS 1895 LOUIS MARTIN DANS SON OUVRAGE REMARQUABLE : "L'ANGLAIS EST-IL UN JUIF"...
non seulement la Japonaise est la négation la plus absolue de la femme, mais elle est aussi la négation la plus abso-lue de la beauté grecque
CHARB.
CONCLUSION : HEUREUSEMENT QUE DESPROGES EST MORT POUR NE PAS VOIR ÇA...

40c
St EX
RF
LES MINUTES DE MONSIEUR CYCLOPÈDE
RAILLONS L'HÉROÏSME
CARTIER
NOUS COMMÉMORONS CETTE ANNÉE LE QUARANTIÈME ANNIVERSAIRE DE LA DISPARITION D'ANTOINE DE SAINT-EXUPÉRY ...
SAINT-EX...
L'AÉROPOSTALE ...
COURRIER SUD
CES MOTS PROVOQUENT-ILS ENCORE QUELQUE ÉMOI DANS LE COEUR DÉSABUSÉ DE LA JEUNESSE FRIVOLE DE CES TEMPS DÉCADENTS
ÊTRE HOMME C'EST ÊTRE RESPONSABLE DISAIT SAINT-EXUPÉRY...
RESPONSABLE
C'EST SENTIR EN POSANT SA PIERRE QU'ON CONTRIBUE À BÂTIR LE MONDE.
MERCI

N'OUBLIONS JAMAIS CET HOMME...
ET REVOYONS UNE ULTIME FOIS CE DOCUMENT QUI NOUS MONTRE SAINT-EXUPÉRY APRÈS SON ATTERRISSAGE À RIO
...OÙ PAR TOUS LES TEMPS IL FALLAIT QUE LE COURRIER ARRIVÂT.
madame Bouchar Rio Par tous les temps
IL Y A UNE LETTRE POUR MADAME BROUCHAR IL FAUT SIGNER LÀ...
HEU... YE CHAIS PAS ÉCRIRE...
CELA NE FAIT RIEN...
DESSINE MOI UN MOUTON !
ÉTONNANT NON?
FIN

NE L'OUBLIONS JAMAIS :
Le Président de la République est le gardien de la Constitution et pendant qu'y fait ça, il est pas au Bistrot
Le garant ! Je n'en suis que le garant !!!
La constitution, elle, a été mise en lieu sûr...
... le problème c'est que je ne me rappelle plus bien où...
... était-ce la Suisse ? ... le Panama ? ... Andorre ou Monaco ? ...
Elysée
www.elysee.fr
Enfin, peu importe.... L'endroit est sûr, vous pouvez me faire confiance !
ZOU 2004

M. RAYMOND LEPETIT EST JOURNALISTE. C'EST UN OBSCUR. DANS AUCUN JOURNAL ON NE SAURAIT ÊTRE PLUS OBSCUR QUE M. RAYMOND LEPETIT.
Les sept erreurs
M. RAYMOND LEPETIT EST ENCORE PLUS OBSCUR QUE Mlle GENEVIÈVE PORTAFAUX QUI EST RESPONSABLE DE LA RUBRIQUE "ERRATUM" AU RÉVEIL DU PAS-DE-CALAIS, ET QUI CONNUT UN QUART D'HEURE DE GLOIRE DONT ELLE SE SERAIT BIEN PASSÉE EN ÉCRIVANT UN JOUR DANS UN MOMENT D'ÉGAREMENT, "ERRATUM" AVEC UN SEUL R.
M. RAYMOND LEPETIT POUR SA PART EST À L'ABRI DE LA MOINDRE NOTORIÉTÉ. IL RESTERA DANS L'OMBRE LA PLUS OPAQUE JUSQU'À L'ÂGE DE LA RETRAITE BIEN QU'IL S'OCCUPE D'UNE RUBRIQUE ASSEZ COUSINE AU DEMEURANT DE CELLE DE Mlle GENEVIÈVE PORTAFAUX.
EN EFFET, M. RAYMOND LEPETIT EST RÉDACTEUR DE LA "SOLUTION DU JEU DES SEPT ERREURS" DE L'ÉCHO DE LA FOUILLOUSE QUI EST ENCORE ASSEZ LU ENTRE LE CHAMBON-FOUGEROLLES ET ANDRÉZIEUX-BOUTHÉON.
1

POUR DIRE LA VRAIE VÉRITÉ, BIEN QU'ELLE SOIT FORT CRUELLE, M. RAYMOND LEPETIT EST ENCORE MOINS CÉLÈBRE QUE M. CHRISTIAN BOUCHABAIS.
M. CHRISTIAN BOUCHABAIS EST ÉGALEMENT RÉDACTEUR DE LA "SOLUTION DU JEU DES SEPT ERREURS", MAIS À FRANCE-SOIR
FRANCE SOIR
IL PARAIT MÊME QU'UN SOIR M. CHRISTIAN BOUCHABAIS AURAIT RECONTRÉ M. PHILIPPE BOUVARD DANS L'ASCENCEUR, QU'IL LUI AURAIT DIT : "BONJOUR MONSIEUR PHILIPPE BOUVARD", ET QUE M. PHILIPPE BOUVARD AURAIT RÉPONDU : "BONJOUR MONSIEUR BOUCHABAIS."
CE SONT DES BRUITS, MAIS TOUT DE MÊME.
BONJOUR, MONSIEUR PHILIPPE BOUVARD.
BONJOUR, MONSIEUR BOUCHABAIS.
ALORS QUE M. RAYMOND LEPETIT, NON. C'EST TOUT JUSTE SI M. RAYMOND LEPETIT EST CONNU À ANDRÉZIEUX-BOUTHÉON. IL NE SORT JAMAIS.
IL ENVOIE SON ARTICLE PAR TÉLÉPHONE À Mme CHABERT, LA VIEILLE STÉNOGRAPHE BIGOTE ANTISÉMITE DE L'ÉCHO DE LA FOUILLOUSE.
M. DAVID
M. LEPETIT
M. CAZA
M. COLIN
M. ALPH
Mlle TARDIF
MADAME CHABERT ? C'EST LEPETIT ... BON, ALORS J'Y VAIS.
EN 1 COMME L'UNITÉ : LE DONJON EST PLUS LARGE. EN 2 : LE MASSIF DE LYS EST CACHÉ PAR LE PONT-LEVIS. NON PAS LÉVY : LEVIS.
EN 3 : LA LANCE DU TROISIÈME CHEVALIER EN PARTANT DE LA DROITE EST PLUS POINTUE.
EN 4 : AU FOND, LE PARC EST DIFFÉRENT. IL NE RESTE PLUS QUE SIX CHEVAUX BLANCS ET DEUX MARQUISES DANS LA SARABANDE. NON PAS SARAH. EN UN SEUL MOT : SARABANDE.

EN 5 : LE BLASON A ÉTÉ MODIFIÉ. EN 6 : LA SALAMANDRE EST MOINS BIEN DESSINÉE, LA QUEUE S'EST EFFACÉE DE L'IMAGE.
EN 7 : IL N'Y A PLUS QUE TROIS BOULETS DE CANON AU FOND DU RAVIN. NON. PAS DU RABBIN, OUI, C'EST ÇA...
OUI, CE SERA TOUT POUR AUJOURD'HUI MADAME CHABERT. À DEMAIN, MADAME CHABERT, BONJOUR À CHABERT.
M. RAYMOND LEPETIT EST MALHEUREUX.
POUR ARRONDIR SES FINS DE MOIS, IL FAIT AUSSI LA "SOLUTION DU JEU DES SEPT ERREURS" DE SEXY-FOUILLOUSE, UNE REVUE PORNOGRAPHIQUE LOCALE TRÈS SINISTRE ET TRÈS GRISE. M. RAYMOND LEPETIT A HONTE.
ALLÔ ? MONSIEUR BERNARD HENRI ?
C'EST LEPETIT.
BON, ALORS J'Y VAIS
EN 1 COMME L'UNITÉ : LA LANGUE DU BARBU EST PLUS LARGE À LA BASE.
EN 2 : LES GENOUX DE LA TROISIÈME PERSONNE DE COULEUR SONT PLUS POINTUS. EN 3 : LE FOUET EST MOINS BIEN DESSINÉ.
EN 4 : LA PERSONNE FORTE A LÂCHÉ SA CHAUSSURE DROITE.
EN 5...
EN 5...
EN 5 : LE VIEUX MONSIEUR NE SOURIT PLUS. EN 6 : LA BOUGIE A DISPARU. EN 7...
EN 7 : LA QUEUE-DE-PIE A ÉTÉ MODIFIÉE.
M. RAYMOND LEPETIT RACCROCHE SON VIEUX TÉLÉPHONE NOIR. IL SE SENT VIEUX.
IL EST VIEUX.
IL TROTTINE, LES MAINS DANS LE DOS, FRAGILE ET VOÛTÉ, JUSQU'À LA FENÊTRE QUI DONNE SUR LE JARDIN.
3

MONSIEUR PIERRE DESPROGES —— MONSIEUR KOKOR —— 12-2004

DIRECTEUR – n. m., du latin di, la première porte, et rectus, à droite.

Depuis l'aurore de l'humanité, et jusqu'à la semaine prochaine si les troupes du pacte de Varsovie ne se foutent pas sur la gueule avec celles de l'OTAN, le mot « directeur » a toujours désigné un personnage important. Alors qu'une blanche vaut deux noires, un directeur vaut douze Berrichons, au moins.

On ne dit pas « un petit directeur », on dit « un chef de rayon ». On ne dit pas « un grand directeur », on dit « un chef de diamètre ». Il y a en moyenne beaucoup plus de directeurs une administration que dans un orchestre de jazz.

Le féminin de « directeur » est « la femme du directeur ».

Dessin : **Guillaume Guerse** | Couleurs : Magali Arnal

HÉTÉROSEXUEL (LE) : nom ou adjectif. Se dit de celui ou de celle qui éprouve une attirance sexuelle pour le sexe opposé.
petit Larousse illustré 2004
Exemple : la femme pour l'homme la jument pour le cheval, la tontaine pour le tonton, la chèvre pour le légionnaire, la gorgonne Nana pour le gorgon Zola, etc, etc...
COMMENT RECONNAITRE UN(E) HÉTÉROSEXUEL(LE) ?
VOULEZ-VOUS QUE JE VOUS DISE ? CE N'EST PAS POUR ME VANTER, MAIS C'EST UNE EXCELLENTE QUESTION...
...ET J'IRAI PROBABLEMENT EN HÉLICOPTÈRE POUR Y RÉPONDRE. EN TOUT CAS, JE N'IRAI PAS PAR QUATRE CHEMINS.
FS10
VOUS AVEZ VU LES BOUCHONS SUR LES PÉRIPHS ?
FRANÇAISES, FRANÇAIS, FAITES COMME MOI. POUR RÉPONDRE AUX EXCELLENTES QUESTIONS, N'Y ALLEZ PAS PAR QUATRE CHEMINS : PRENEZ L'HÉLICOPTÈRE.
POUR BIEN RECONNAÎTRE UN (OU UNE) HÉTÉROSEXUEL (LE), IL SUFFIT DE DEMANDER, EXEMPLE :
BONJOUR MADAME. MADEMOISELLE, PEUT-ÊTRE ?
MADEMOISELLE... PEUT-ÊTRE ! ? HI HI HI !
HA BON, EUH... JE VOUDRAIS EUH... DONNEZ MOI UNE DEMI BAGUETTE BIEN CUITE, S'IL VOUS PLAÎT.
VOILÀ, ÇA NOUS FAIT UN QUATRE-VINGT-DIX, HI HI HI !
MADEMOISELLE, EUH... VOUS VENEZ SOUVENT ICI ?
BEN VOUS ÊTES DRÔLE VOUS ! JE VIENS ICI TOUS LES JOURS, C'EST MA BOULANGERIE, HI HI HI !

Dessin Guillaume Guerse

Texte de Pierre Desproges

EN BREF

Dessin : **Sergio Aquindo**

LE COCHON QUI SIFFLAIT

Un bar londonien qui exhibait chaque soir une truie savante, capable de boire de la bière en sifflant le *God save the Queen*, a été fermé par la police, pour cruauté envers les animaux, et parce que les spectateurs restaient assis pendant l'hymne.

DU RATEAU

Le fakir suisse Ali Ben Camélia a fêté ses 50 ans dans un restaurant de Genève, en mangeant trente lames de rasoir et un énorme râteau d'anniversaire. (Non, ce n'est pas une coquille : c'est un râteau.)

LE ROI

« Je suis le roi du monde », s'est écrié un farfelu en sautant royalement dans la fosse aux tigres du zoo d'Oklahoma City. L'instant d'après, il abdiquait.

Double V.C. Fièlds (je dirai "Da-Bell-You-Ci Filds" le jour où les Américains diront "Champs-Elysées" au lieu de "Tchempzilaïziz") Double V.C. Fièlds disait : "Quelqu'un qui n'aime pas les enfants ne peut pas être tout à fait mauvais". Je ne sais pas si monsieur Fièlds a raison. Tout ce que je sais c'est que le bon Dieu l'a puni en lui donnant un prénom de chiottes. C'est bien fait.
Et d'abord qu'est-ce qu'un enfant? Comment reconnaître un enfant d'un adulte à part la taille?
LES ENFANTS SONT des CONS
C'est sur le plan purement psychologique que nous devons nous situer pour pouvoir reconnaître un enfant d'un adulte.
LES ENFANTS
En un mot, nous résumerons la différence essentielle entre l'adulte et l'enfant à partir de l'axiome suivant:
"LES ADULTES sont des GENS SÉRIEUX. LES ENFANTS sont des GENS PAS SÉRIEUX".

① s'il a appris le français dans *Tintin*
② s'il a appris le français dans *Spirou*
③ s'il a appris le français en lisant *Démocratie Française*, ce qui serait très surprenant.

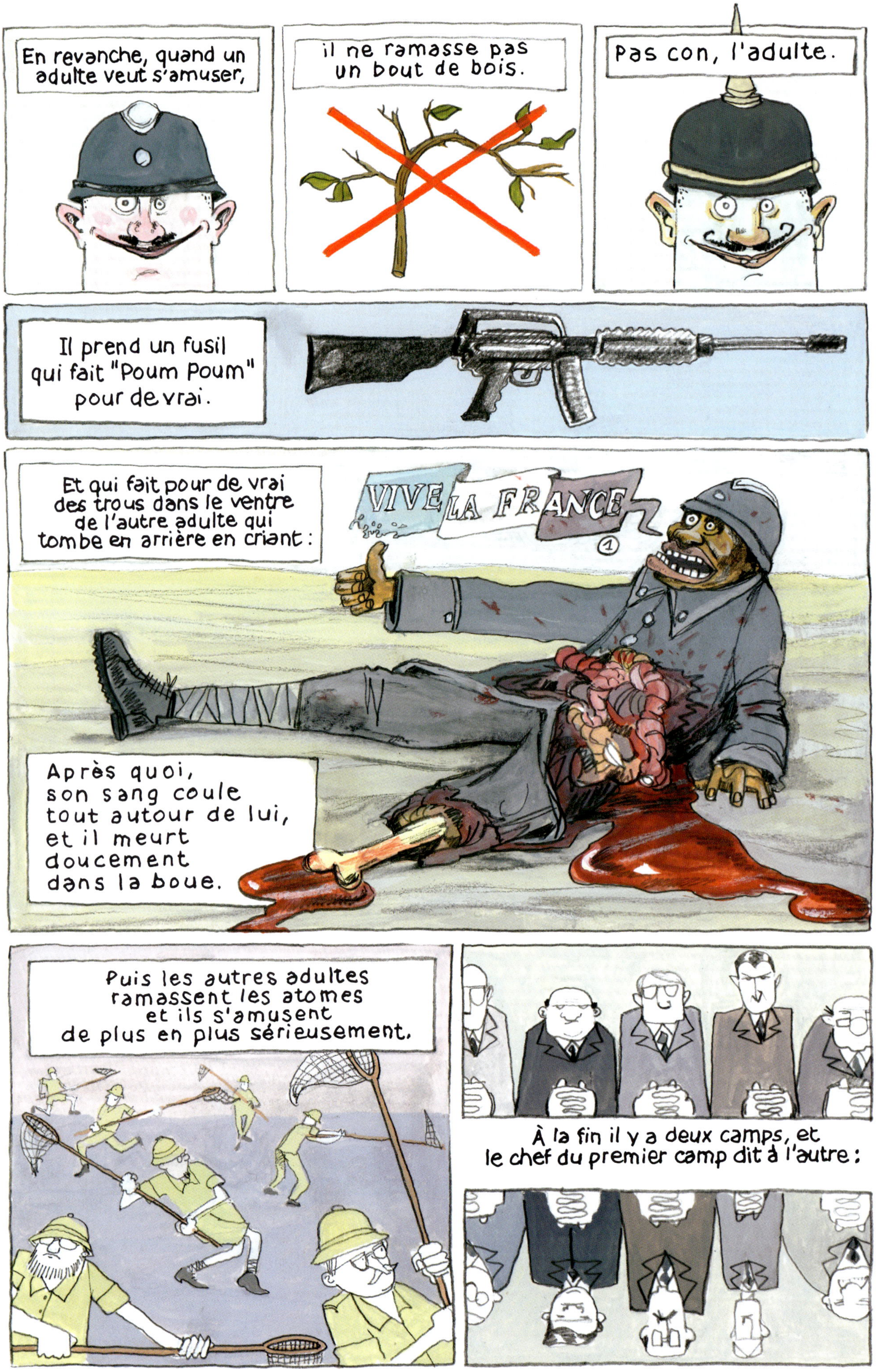

① l'Allemagne, le roi ou la République. Rayez les mentions inutiles, et à mon avis elles le sont toutes.

La concentration de missiles anti-missiles sur votre territoire nous contraint à renforcer notre sécurité en construisant de nouveaux missiles anti-missiles anti-missiles, bisque bisque rage.
Si la concentration de missiles anti-missiles sur notre territoire vous contraint à renforcer votre sécurité en construisant de nouveaux missiles anti-missiles anti-missiles, nous n'hésiterons pas à renforcer la nôtre en construisant de nouveaux missiles anti-missiles anti-missiles anti-missiles, lalalalèreu.
C'est çui qui le dit qu'y est.
CLIC
Et la terre explose une bonne fois pour toutes. Donc les adultes sont plus sérieux que les enfants. Par ailleurs la naïveté grotesque des enfants fait peine à voir, surtout si on veut bien la comparer à la maturité sereine qui carractérise les adultes. Par exemple...
...l'enfant croit au père Noël. L'adulte non. L'adulte ne croit pas au père Noël. Il vote.
MATHI 2004

LE BAC

Demain matin commencent les épreuves du baccalauréat. Jeunes gens de France : n'y allez pas. Ça ne sert à rien. Les diplômes sont faits pour les gens qui n'ont pas de talent. Vous avez du talent ?

Ne vous emmerdez pas à passer le bac. Allez aux putes ou à la piscine Deligny, c'est pareil. Est-ce que j'ai le bac, moi ? Non. Et alors ? Est-ce que j'ai l'air d'être dans la misère ?

« Le bac, ça permet de voir du pays », disait Balavoine. Vous avez vu où ça l'a mené...

Jeunes Françaises, jeunes Français, restez chez vous. Boycottez le bac.

Prenez un papier et un crayon. Je vais vous donner les sujets de première et de philo.

1 Qui a dit : « Quand un philosophe me répond, je ne comprends plus ma question. »

2 Dans l'Évangile selon saint Luc, comment l'auteur appelle-t-il les trois mages ? Répondez par A, B, ou C : A ? B ? C ?

3 Qui a dit : « Je plains les gens petits. Ils sont les derniers à savoir quand il pleut. »

4 Sylvie va au marché. Elle a 165 francs dans son porte-monnaie. Elle achète 9 laitues à 3,20 francs et 14 laitues à 3,10 francs. Est-ce bien raisonnable ?

5 L'évolution de la pensée présituationniste entre l'école hégélienne et le négativisme de l'infrastructure néo-nietzschéenne a-t-elle, inconsciemment ou non, influencé la carrière de Raymond Poulidor ?

Dessin : Jean-Philippe Peyraud
Couleurs : Laurence Croix

VUES D'ICI, ON DIRAIT DES FOURMIS DÉCONNANT SUR UN OURLET.
ET APRÈS ? IL FAUT UNE HISTOIRE. JE NE SAIS PAS, MOI...
LA MER EST PLATE ET RASSURANTE, MAIS LE VENT SOUFFLE DE TERRE ET LE PLUS PETIT ENFANT, DANS SA BOUÉE DE PLASTIQUE, DISPARAÎT À JAMAIS VERS LES AMÉRIQUES.
C'EST UN JOLI DÉBUT POUR UN LIVRE : LES ENFANTS JOUAIENT DANS LA MER À MARÉE BASSE, VUS DE LA TERRASSE, ON AURAIT DIT DES FOURMIS DÉCONNANT SUR UN OURLET.
LA DOULEUR DES PARENTS FAIT PEINE À VOIR. LE MALHEUR SE LÈVE ET LE SOLEIL SE COUCHE.
RACONTEZ.
NON. ÇE SERAIT ENCORE DE L'HUMOUR DE CIMETIÈRE. ÇA VA COMME ÇA. TU AS DÉJÀ DONNÉ. TROUVE AUTRE CHOSE.
JE SAIS PAS, MOI... LES RUSSES DÉBARQUENT ?!
PAR L'ATLANTIQUE ? C'EST ORIGINAL...
UN ROMAN BALNÉAIRE...

Vivre la ville en août, vivre la mer en juin...
C'est l'ultime aristocratie et la rare élégance de l'estivant hexagonal.
Pop !
Pourpre et lent comme un prélat...
Le soleil descend religieusement sur l'horizon paisible, comme une hostie rouge avalée par la mer.
Je me demande combien de phrases aussi bigrement poétiques il faut caser dans un roman balnéaire pour que ce soit aussi beau qu'une chronique de sous-bois solognot avec des senteurs de mousse et des écureuils hystériques qui viennent manger dans la main de Maurice Genevoix...
Tu n'as pas vu les filles ?
Mmh ?
Tu n'as pas vu les filles ?
3

MANON?! PAULINE?!
LES FILLES?!
MANON! PAULINE!
BON. J'APPELLE LA POLICE.
TOUT VA BIEN LES GARS, RIEN À DIRE, C'EST TOUT BON, POUR UN BEAU MOIS DE JUIN, C'EST UN BEAU MOIS DE JUIN.

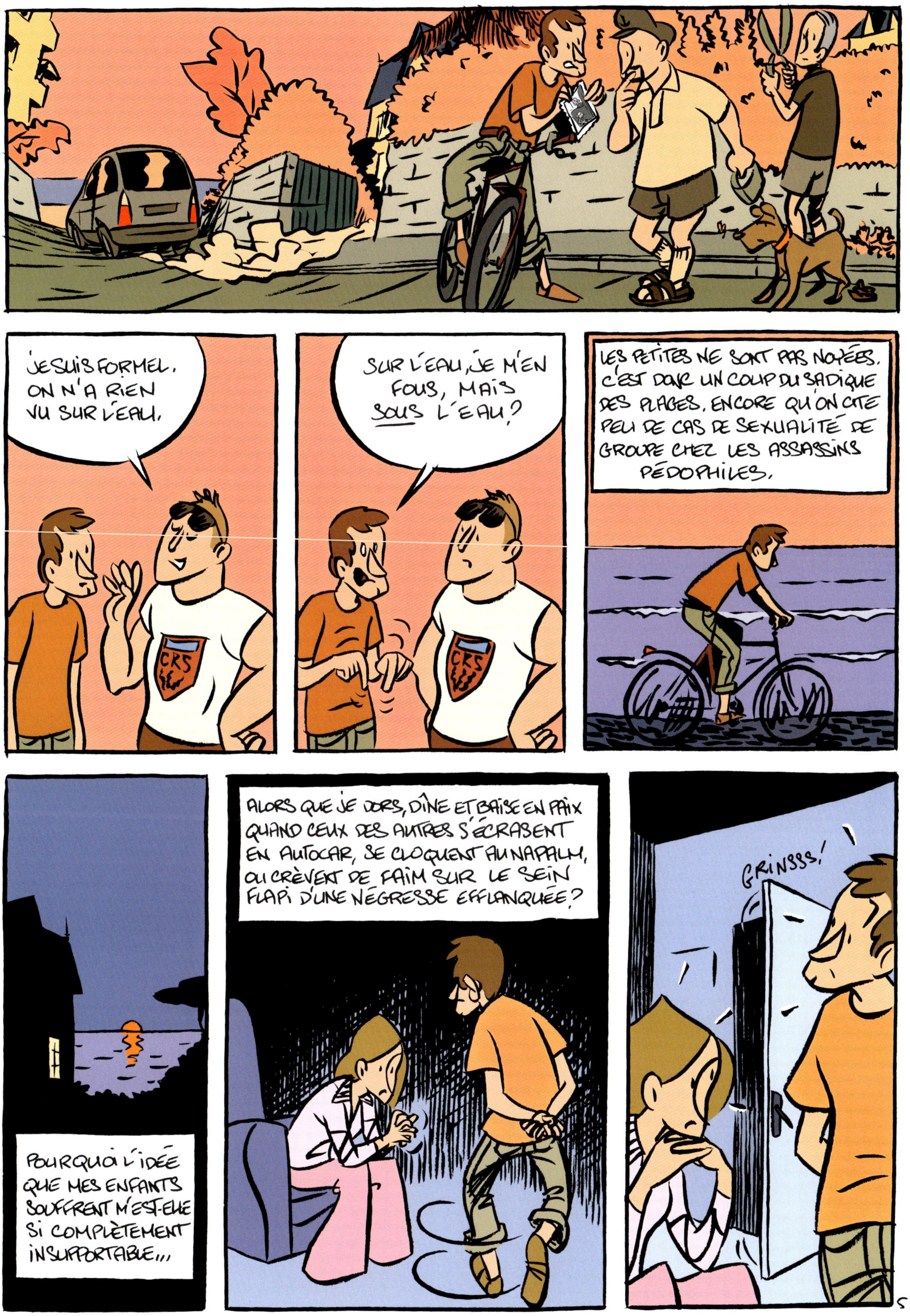

JE SUIS FORMEL. ON N'A RIEN VU SUR L'EAU.
SUR L'EAU, JE M'EN FOUS, MAIS SOUS L'EAU?
LES PETITES NE SONT PAS NOYÉES. C'EST DONC UN COUP DU SADIQUE DES PLAGES, ENCORE QU'ON CITE PEU DE CAS DE SEXUALITÉ DE GROUPE CHEZ LES ASSASSINS PÉDOPHILES.
POURQUOI L'IDÉE QUE MES ENFANTS SOUFFRENT M'EST-ELLE SI COMPLÈTEMENT INSUPPORTABLE...
ALORS QUE JE DORS, DÎNE ET BAISE EN PAIX QUAND CEUX DES AUTRES S'ÉCRASENT EN AUTOCAR, SE CLOQUENT AU NAPALM, OU CRÈVENT DE FAIM SUR LE SEIN FLAPI D'UNE NÉGRESSE EFFLANQUÉE?
GRINSSS!

MAIS OÙ ÉTIEZ-VOUS?!
OÙ ÉTIEZ VOUS ?
ON S'A ENDORMI ...
NOUS NOUS SOMMES ENDORMIES.
ELLES AVAIENT JOUÉ AU SOUS-MARIN NOIR DANS LE GRAND PLACARD DE LEUR CHAMBRE. SATURÉES D'AIR DU GRAND LARGE ET DE SOLEIL LOURD, ELLES AVAIENT SUCCOMBÉ AU SOMMEIL SUR UN TAPIS ROULÉ, DE L'AUTRE CÔTÉ DE LA PORTE CLOSE.
AU SECOURS, DOCTEUR ! JE RESSENS COMME UN POINT, LÀ !
?!
FAÎTES VOIR... AH OUI, JE VOIS CE QUE C'EST...
C'EST UN BONHEUR INSUPPORTABLE.
AH ! BON.
P. DESPROGES
J-Ph PEYRAUD
COULEURS: L. CROIX

QUI SUIS-JE ?

(suite de la page 33)

DESSIN MAHI GRAND

Pour faire plus authentique, l'émission radiophonique prend réellement la forme d'un tribunal. Claude Villers, Pierre Desproges et Luis Régo portent vraiment la robe de la justice. Pierre Desproges laisse s'exprimer sa hargne et son courroux… coucou.

Pour *France Inter*, Claude Villers a l'idée d'une émission où l'on ferait pour rire le procès de l'invité. En septembre 1980, démarre *Le Tribunal des Flagrants Délires*. Les invités/accusés défilent devant une cour de pacotille : Villers en est le président, Pierre Desproges représente le ministère public, et Luis Rego l'avocat de la défense. « *Enfin, il y a eu la radio avec l'émission quotidienne "Le Tribunal des Flagrants Délires", où je tenais le rôle du procureur général. Je me suis senti bien dans cette émission. Ça m'a permis d'affiner mon écriture. "Les Flagrants Délires" représentaient pour moi dix minutes de sketch à concevoir chaque jour. C'était épuisant. Il y avait une sorte de compétition avec Luis Rego qui jouait le personnage de l'avocat de la défense. C'était un travail de forçat. J'avais un tout petit magnétophone sous l'oreiller et je faisais des bonds quand un calembour surgissait dans ma tête. Je crachais mon jeu de mot de peur de le perdre. Avec "Les Flagrants Délires", j'ai vraiment appris à me servir des outils du comique.* » [9]

Et effectivement, la France entière se marre, devant le rituel quotidien de Pierre Desproges : « *Françaises, Français, Belges, Belges, Mon président mon chien, Monsieur l'avocat le plus bas d'Inter, Mesdames et Messieurs les jurés, Public chéri, mon amour.* »

Les invités se bousculent. Beaucoup rient, sourient, voire rient jaune. Il faut dire que la tâche n'est pas toujours simple, il faut recevoir aussi bien Jean-Jacques Debout, « *Un handicapé patronymique* », que Jacques Séguéla : « *Est-il un con ? De deux choses l'une : ou bien Jacques Séguéla est un con, et ça m'étonnerait tout de même un peu, ou bien Jacques Séguéla n'est pas un con, et ça m'étonnerait quand même beaucoup.* »

« C'est une énorme connerie pléonatisque de dire Françaises, Français. C'est comme si je disais : Belges, Belges. J'aurais l'air d'un con. »

Le 28 septembre 1982, un véritable cas de conscience se pose. L'invité est Jean-Marie Le Pen. Sa notoriété n'est pas encore celle qu'on lui connaîtra, mais son discours est déjà celui qu'on lui connaît. Pierre Desproges pose alors une vraie question : « *Premièrement, peut-on rire de tout ? Deuxièmement, peut-on rire avec tout le monde ?* » Quelques années plus tard, prémonitoire, Desproges ajoutera : « *J'aurais l'impression de passer à l'action en votant si on me donnait le choix entre Le Pen et n'importe quel autre, sauf Marchais. J'irais voter pour n'importe quel autre, sauf Marchais. Là, je n'ai vraiment pas le choix, pour moi c'est le même mec qui fait Chirac et Mitterand. Ils se foutent complètement du bien-être de l'humanité. Ils se foutent complètement du progrès de l'homme.* » [10]

En mars 1983, en désaccord avec Claude Villers, Pierre Desproges quitte *Le Tribunal*. « *J'avais dit à l'antenne que si la reine Fabiola n'avait pas d'enfant, ce n'était pas parce qu'elle était stérile, mais parce qu'elle préférait n'avoir pas d'enfant du tout plutôt que de donner naissance à un enfant belge. Il paraît qu'après l'ambassadeur, le*

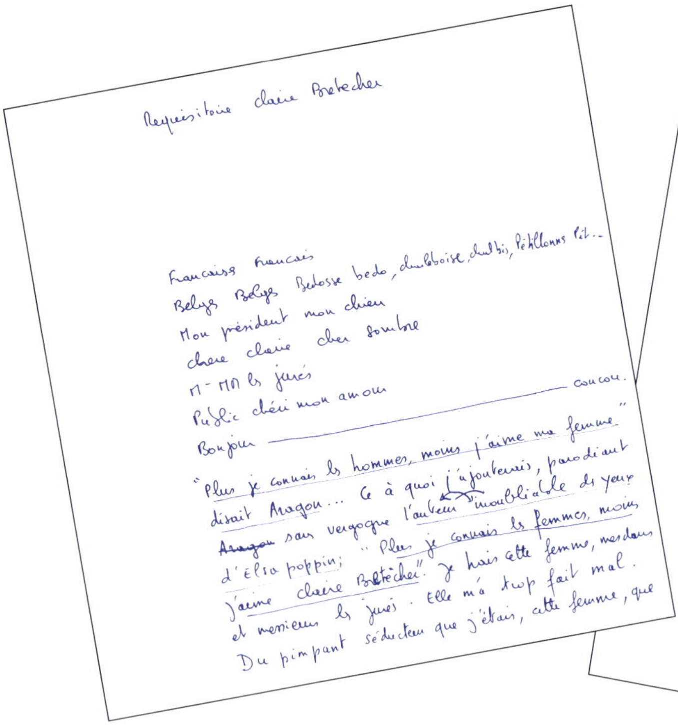

Requisitoire claire Bretecher

Francaiss Francais
Belges Belges Bedosse bedo, dubboise, dulbis, Pétillonns Pit...
Mon président mon chien
chère claire cher sombre
M - MM les jurés
Public chéri mon amour
Bonjour ———————————————— coucou.
" Plus je connais les hommes, moins j'aime ma femme "
disait Aragon... Ce à quoi j'ajouterais, parodiant
Aragon sans vergogne l'auteur inoubliable des yeux
d'Elsa poppin ; " Plus je connais les femmes, moins
j'aime claire Brétécher". Je hais cette femme, mesdames
et messieurs les jurés. Elle m'a trop fait mal.
Du pimpant séducteur que j'étais, cette femme, que

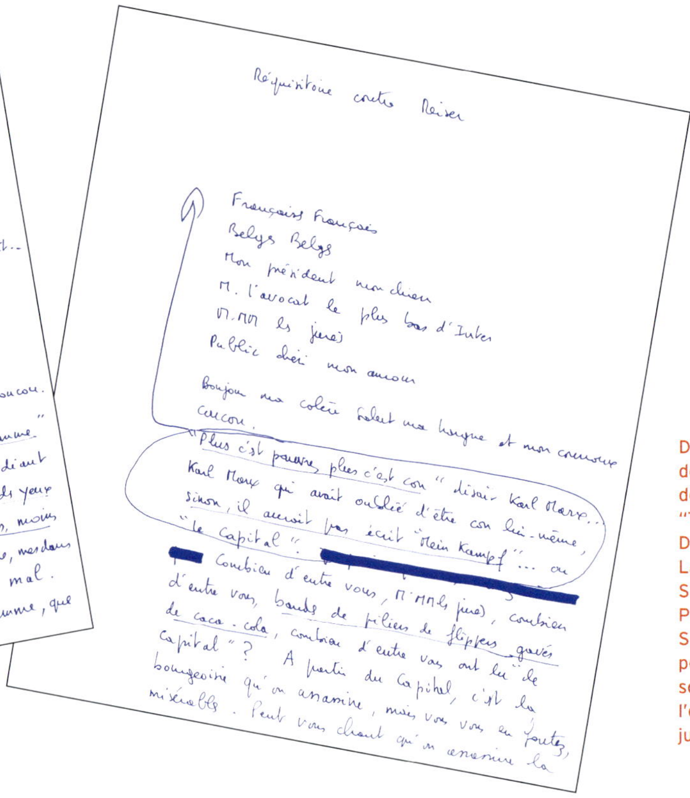

Réquisitoire contre Reiser

Françaiss Français
Belges Belges
Mon président mon chien
M. l'avocat le plus bas d'Inter
M. MM les jurés
Public chéri mon amour
Bonjour ma colère soulève ma langue et mon courroux
coucou.
"Plus c'est pauvre, plus c'est con" disait Karl Marx...
Karl Marx qui avait oublié d'être con lui-même,
sinon, il aurait pas écrit "Mein Kampf"... ou
"le Capital". [redacted]
[redacted] Combien d'entre vous, M-MM les jurés, combien
d'entre vous, bandes de piliers de flippers gavés
de coca-cola, combien d'entre vous ont lu "le
Capital" ? A partir du Capital, c'est la
bourgeoisie qu'on assassine, mais vous vous en foutez,
misérables. Peut vous chaut qu'on assassine la

De nombreux auteurs de bande dessinée défilent devant le "Tribunal des Flagrants Délires" : Reiser, Lauzier Brétécher, Siné, Cabu, Gotlib... Pour ce dernier, Jean Solé croque le procès pour "Fluide Glacial" et son fils Julien (10 ans à l'époque) fait partie du jury (pages suivantes).

ministre des Affaires étrangères aurait protesté à son tour auprès de François Mitterand. Cela me semble envoyer un peu loin le bouchon. » Le désaccord porte également sur des respects du droit d'auteur, et les rapports entre les deux protagonistes sont devenus glaciaux.

Fin 1982, une émission télévisée va diviser la France en deux : *La minute nécessaire de Monsieur Cyclopède*. Desproges explique par exemple comment « *commémorer gaiement la mort de Pasteur* » ou comment « *remettre le Petit Prince à sa place* ». « *J'ai cherché trente-six noms. Après avoir trouvé "Minute", puisque chaque sketch ne dure qu'une minute, j'ai composé une liste d'adjectifs du genre inévitable, irréfutable, concentrationnaire... J'ai compris qu'il fallait être le plus simple possible. J'ai alors choisi "nécessaire". Quant à "Cyclopède", il y a dans ce mot* cyclope, *qui n'a qu'un œil, borné au figuré. Il y a aussi* encyclopédie, *c'est-à-dire le savoir* » [12], précisant parfois : « *Autrement dit, le regard borgne de l'obscurantisme et la vision ouverte sur les lumières de la connaissance... Mais aussi une espèce d'amalgame entre cyclistes et piétons.* » [13]

« Quand il a fini d'écrire des conneries dans le dictionnaire, à quoi sert un académicien. »

— Réquisitoire contre Jean d'Ormesson —

Auteur, comédien, Pierre Desproges est même sollicité par le cinéma : « *Il s'agit toujours de bidasseries, de gaudrioles dans le style " film comique bien de chez nous ". On m'a également suggéré de faire de la scène, mais je trouve humiliant de devoir sortir de chez soi après 20 h 30 pour glaner des applaudissements. Quand je vois par exemple Montand sur les planches, j'ai honte pour lui. Il est tellement meilleur comme conseiller du ministre des Affaires étrangères lorsqu'il résout le problème de la Pologne !...* » [14]

S'il décline les offres cinématographiques, la scène commence tout de même à le tenter. Guy Bedos arrivera à le convaincre : « *Je me suis toujours laissé porter par les événements. Annette Khan, la sœur d'un copain de lycée m'a poussé à "L'Aurore". Jacques Martin est venu m'en sortir pour faire "Le Petit Rapporteur". Et maintenant, c'est Bedos qui a tout fait pour que je monte sur scène. Mais je le jure, quand j'étais enfant, jamais je me suis dit : " Quand je serai grand, je serai Sarah Bernhardt !" ... Il m'a dit : "Si jamais tu te décides, je t'aide-*

croquis d'audience :
"LE TRIBUNAL DES FLAGRANTS DÉLIRES"
L.T.D.F.D
paroles de Monique DESBARBAT
et Claude VILLERS
musique de Georges RABOL
réalisatrice et co-productrice avec C.V
I
Nous sommes le tribunal
Dont on parle dans le journal
Qui juge et qui condamne
Les messieurs com' les dames
2
Avec nous pas d'innocents
Tout le monde il est coupable
Nous en faisons le serment
Avant qu'vous n'passiez à table
3
Pas question de mentir
Pas moyen d's'en sortir
'Y a vraiment rien d'pire
Qu'les flagrants délires.
mesdames, messieurs LA COUR !
(applaudissements)
Tous les matins (sauf week-end) de 11 à 12 sur FRANCE-INTER* ! Un tribunal drôle, insolent sympa et qui dit toute la VÉRITÉ...
L'AVOCATE EVA DARLAN
par intérim
Elle remplace provisoirement LUIS "Ta gueule toi" REGO, l'avocat comique d'office.
Elle est TRÈS TRÈS BIEN...
LE PRÉSIDENT CLAUDE VILLERS
moule à gâteaux
"le MASSIF CENTRAL" selon Desproges qui est toujours médisant et qui fait rien qu'à se moquer de ceux qui ont pas la chance d'être aussi beaux que lui...
lui, c'est BERNARD PILLOT l'huissier de service (il est rigolo : Des fois il pousse des cris !)
LE PROCUREUR GÉNÉRAL DE LA RÉPUBLIQUE PIERRE DESPROGES
Il a un menton un peu comme celui de PIERRE PERRET : On dirait des fesses ! A part ça, vous savez, c'est lui qui cache sous la robe austère de la justice une grosse bonté d'âme, entre autres.
DILIINNG
DILIIING
L'AUDIENCE EST OUVERTE ! Huissier, appelez...
le Brigadier RABOL
le meilleur pianiste de toute la gendarmerie nationale...
1er assesseur : GILLES LE MOUËL
2ème Assesseur :
Marina KOUYOUMDJISKY
* Reprise de l'émission mi-septembre
dessin Julien SOLÉ (10 ANS)

LE MINISTÈRE PUBLIC CONTRE MARC
SERA JUGÉ PAR CINQ JURÉS TIRÉS AU SORT! HUISSIER PROCÉDEZ...
ACCUSÉ LEVEZ-VOUS! VOS NOM, PRÉNOM, ÂGE ET QUALITÉ...
JE NE VAIS PAS VOUS DEMANDER DE FAIRE UN DESSIN! CE N'EST PAS TRÈS RADIOPHONIQUE, EN REVANCHE JE VAIS VOUS DEMANDER DE CHANTER...
MOI QUI BALANCE ENTRE DEUX ÂGES J'LEUR ADRESSE À TOUS UN MESSAGE LE TEMPS NE FAIT RIEN À L'AFFAIRE QUAND ON EST CON ON EST CON...
SSBBOOINNG
Portrait quelque peu flatteur!
• Chanson de BRASSENS
Superbe plan de l'accusé chantant! On remarquera surtout la belle expression du visage dans l'effort! Ainsi que son adroit jeu de guitare (noter particulièrement la magnifique position de sa main gauche sur le manche!)
en égard à la loi n° 75620 du 11 juillet 1975 relative à l'éducation, notamment en son article 1er: "Tout enfant a droit à une formation scolaire qui, complétant l'action de sa famille, concourt à son éducation; cette formation est obligatoire entre 6 et 16 ans, elle favorise l'épanouissement de l'enfant, lui permet d'acquérir une culture, le prépare à la vie professionnelle et à l'exercice de ses responsabilités d'homme et de citoyen" Fin de citation! vous êtes accusé de maintenir les enfants dans un infantilisme, de détourner nos jeunes citoyens du seul et unique but noble de leur existence: L'ÉCOLE! De vouloir remplacer les livres d'histoire, de géographie, de latin, par les albums de B.D racontant les histoires de GAI-LURON, SUPERDUPONT et autres héros, et également de vouloir que les adultes ne sortent jamais de l'enfance!..
c'est un peu long mais ça vaut l'jus!
FAUX DESSIN: En lisant le motif d'accusation le Président reste toujours de marbre!
VOUS RECONNAISSEZ LES FAITS?
BEN, OUI...
OUI MON CHIEN?
...HEU, OUI Mr LE PRÉSIDENT...
I PLAID COUPABLE GUILTY
TRÈS BIEN!
Là, l'accusé est un peu tendu: ça se voit à ses lèvres crispées et à ses dents serrées. (Jusqu'à la douleur)
DES FLAGRA
Vous reconnaissez qu'à cause de vous la FRANCE n'a plus le rang qu'elle mérite dans le concert des nations... On a plus le paquebot FRANCE, on a démoli la VILLETTE, Michel DROIT est élu à l'Académie Française...
RIRES du PUBLIC
l'accusé indigné:
JE M'EXCUSE, MAIS QUAND ON FAIT RIGOLER LES GENS, ÇA SIGNIFIE PAS QU'ON VEUT LES MAINTENIR DANS UN ÉTAT D'INFANTILISME!...
BIEN DIT! ET TOC!
2
BOX DES ACCUSÉS!

PEU APRÈS:
LA CRÉATION ARTISTIQUE C'EST L'EXPRESSION D'UNE DOULEUR "QUELQUE PART"..(NOTEZ QUE C'EST VACHEMENT À LA MODE L'EXPRESSION "QUELQUE PART")... 'Y A PLEIN DE GENS QUI ONT DES DOULEURS QUELQUE PART...
MOI AUSSI...
VOUS AVEZ DES HÉMORROÏDES ?
On sent la malice pétiller dans son regard.
PLUS TARD...
UN PÈRE QUI INTERDIT À SON FILS DE LIRE MES B.D, JE DIRAI QU'IL EST CON, UN CENSEUR JE DIRAI QU'IL EST DANGEREUX !
nuance
...IL Y A ACTUELLEMENT UNE GÉNÉRATION QUI DÉLAISSE UN PEU LA LITTÉRATURE AU BÉNÉFICE DE LA B.D... C'EST DOMMAGE POUR LA LITTÉRATURE CAR Y A QUAND MÊME DES PETITES CHOSES PAS MAL...
MICHEL DROIT
(DESPROGES)
ENCORE? MAIS QU'EST-CE QUE VOUS AVEZ CONTRE CE SINGE ?
DANS SON CAS JE SUIS POUR LA VIVISECTION !
(RIRES DU PUBLIC.)
NOUS ALLONS PROCÉDER À L'AUDITION DES TÉMOINS. HUISSIER VOULEZ-VOUS APPELER LE 1er...
LE 1er TÉMOIN C'EST MARCEL DADI
VOS NOM, PRÉNOM AGE ET QUALITÉ
DADI MARCEL 29 ANS, GUITARISTE À SES HEURES...
ET À 17H C'EST FINI ?
VOUS LISEZ AUTRE CHOSE QUE DE LA B.D ?
HEU... NON JE SAIS MÊME PAS LIRE LA MUSIQUE, ALORS VOUS VOYEZ
On dirait qu'il a une vingtaine de doigts tellement il joue de notes à la fois.
il était plus facile à dessiner avec sa barbe...
il a expliqué que sa guitare est en fibre de verre et en graphite, matériau servant en aérospatiale, ce qui a fait dire à Eva: "C'est pour jouer plus vite?"
HUISSIER, VOULEZ-VOUS FAIRE ENTRER LE TÉMOIN SUIVANT... etc etc...
LOB Jacques 47 ou 48 ans, je sais plus très bien, auteur de B.D
VOUS JUREZ DE DIRE LA VÉRITÉ, TOUTE LA VÉRITÉ, DE PARLER SANS HAINE ET SANS CRAINTE, LEVEZ LA MAIN DROITE ET DITES JE L'JURE...
JE L'JURE... MON PRÉSIDENT...
Là il devrait avoir la main droite levée mais il a fait ça tellement furtivement que j'ai pas eu le temps de le dessiner.
3
S'APPELER LOB ET VENIR APRÈS QUELQU'UN QUI JOUE D'OREILLE C'EST QUAND MÊME PAS MAL...
a dit le président Villers qui n'en rate pas une !

le présideur:
J'AURAIS PAS DÛ VOUS FAIRE PRÊTER SERMENT CAR EN FAIT VOUS ÊTES COMPLICE DE L'ACCUSÉ CAR VOUS TRAVAILLEZ AVEC LUI SUR SUPERDUPONT...
C'EST ÇA OUI...
il tenait un gros rhume
VOUS N'AVEZ PAS LE SENTIMENT D'ÊTRE UN CORRUPTEUR DE NOTRE BELLE JEUNESSE?
NON ABSOLUMENT PAS...
VOUS PENSEZ EN REVANCHE QUE L'ACCUSÉ LUI, L'EST...
OUI, C'EST ÉVIDENT!
il a dit un mot aussi de la censure qui frappe BLANCHE EPIPHANIE (levée) & CAROLINE CHOLÉRA.
NOUS ALLONS ENTENDRE GRONDER LA COLÈRE DU PEUPLE FRANÇAIS PAR LA VOIX DU PROCUREUR DE LA RÉPUBLIQUE DESPROGES FRANÇAISE...
effet de manche
FRANÇAIS, FRANÇAISES, BELGES, BELGES, MON PRÉSIDENT, MON CHIEN, MA MAÎTRESSE, MA CHIENNE, Mr L'INFANTILISTE GLACIAL BIEN PARISIEN, MESDAMES, MESSIEURS LES JURÉS, PUBLIC CHÉRI, MON AMOUR...
CLAP, CLAP
NON SEULEMENT, MONSIEUR, VOS PETITS MICKEYS SONT LAIDS ET PLUS OU MOINS COMMUNISTES, SI J'EN JUGE PAR LEURS VÊTEMENTS ÉLIMÉS, MAIS CE QUI EST GRAVE C'EST QU'ILS PASSIONNENT LES ADULTES AU POINT DE LES RAVALER AU RANG DE LA BÊTE OU, PIRE, AU RANG DE L'ENFANT, SI VOUS PRÉFÉREZ, MAIS POUR MOI C'EST PAREIL, CAR LES ENFANTS SONT DES BÊTES!.. DONC LES ENFANTS SONT DES CONS! TOUS? NON! GARDONS-NOUS DE GÉNÉRALISER: C'EST SEULEMENT LES FILLES!!
la commémo. d'Algérie
LA PAROLE EST À LA DÉFENSE: MAÎTRESSE DARLAN NOUS VOUS ÉCOUTONS...
MON CHER PRÉSI, SON CHIEN, VIEUX DÉGOÛTANT DE PROCU, MON JURY GENTIL ET À VOUS TOUS UN GRAND BAISER
OUI, L'ACCUSÉ EST INNOCENT CAR IL EST ÉTRANGER, IL INVENTE, IL MIME, IL ONOMATOPE...
VROOUM CRIIIS BOUM BANG CRASH OUAF PIF PAM POUM BLAM
AU SEC... AU SEC...
SOB
AARRGH VRAOOUTCH PAN PAN RATATATA OUTCH
SEUL, IL NOUS PERMET DE PARLER AVEC NOS VISCÈRES...
GOTLIB C'EST LE CRI PRIMAL
BIENTÔT L'ACCUSÉ SERA LIBRE VU QUE JE L'AI VAILLAMMENT DÉFENDU... AU FAIT, L'AI-JE BIEN DÉFENDU?...
oui, oui!
Etc...etc... Ça serait trop long de transcrire, ici, tout son brillant réquisitoire... Il a parlé d'une enquête du professeur Jean Baptiste Vacquette de Gribeauval. Il a fait un duo comique avec Eva Darlau. Et à la fin il a demandé la guillotine pour l'accusé! Ici s'est produit un incident regrettable! Soudainement l'accusé a sorti un revolver, factice dieu merci, et il a tiré sur le procureur en se prévalant de la légitime défense. Quel culot!
PAN
LA COUR, APRÈS AVOIR ÉCOUTÉ LE JURY, APRÈS EN AVOIR DÉLIBÉRÉ CONSTATANT QUE 4 DES 5 MEMBRES DE CE JURY SE PRONONCENT POUR LA NON-CULPABILITÉ DE L'ACCUSÉ, LE RELAXE DE SON INCULPATION, MAIS TOUTEFOIS POUR ÊTRE TOTALEMENT ACQUITTÉ IL FAUT QU'IL SE LIBÈRE D'UNE PETITE FORMALITÉ: CHANTER UNE AUTRE CHANSON DE BRASSENS
Jeune Juge en bois brut.
encore quelques portraits flatteurs du client d'Eva
GARE AU GORIiiiiiiiiiiiiiiLLE
C'était le 8 AVRIL 81 à la Maison de la radio. C'est passé dans le poste le 21.4.81
juju
Compte-rendu et Croquis: Jean SOLÉ et Julien SOLÉ (10 ans)
Merci à Jacques DIAMENT pour ses photos.
4.
AU FAIT, J'AI OUBLIÉ D'VOUS DIRE: L'ACCUSÉ, CE JOUR-LÀ, C'ÉTAIT MARCEL GOTLIB.

> **« J'avais tellement la trouille, au début, que j'avais prévu des costumes et des décors insensés, pour me protéger. »**

rai." Et le comble, c'est qu'il a tenu parole. Il est venu tous les après-midi de sa banlieue, pour assister à mes répétitions qui ont lieu dans son théâtre du Gymnase. Il m'a complètement rassuré aussi, parce que après avoir écrit sept heures et demie de scène, je me sentais incapable de la tenir. Je me suggérais de laisser la place à Sylvie Vartan. Je me trouvais débile ! Mais lui, il rigolait tellement ! » [15]

Pierre Desproges fait une dizaine de dates en province, avant de se produire le 12 janvier 1984 et trois mois durant au Théâtre Fontaine à Paris : « *Je suis heureux parce qu'à quarante-quatre ans, je me sens libre. J'ai passé l'âge de montrer ma copie à un directeur de télévision, qui croira que le public est tellement sot, qu'il va prendre Miro, non pour un peintre, mais pour un aveugle ! Je me suis fixé un fil rouge : " Qu'est-ce que je fais là, debout, et vous, assis ?" Ce n'est pas un jeu, c'est la réalité. Je me suis souvent demandé à quel titre j'étais, moi, ébloui par la lumière, et les autres dans le noir. Et puis, aucun animal ne s'assied. Alors, de quel droit l'homme le fait-il ?* » [16]

Il part ensuite en tournée sur toutes les scènes de la francophonie : « *L'accueil a été partout fantastique, sauf à Québec, où je me suis offert un bide devant 2000 personnes. Et pour cause : les spectateurs ont tout pris au premier degré. Quand je dis "Vous êtes ridicules d'être assis comme ça. Même un chien ne s'abaisserait pas à ça", ils m'ont cru sur parole. Moralité, le* Journal de Montréal *titrait le lendemain ainsi : "Desproges tout seul face à l'iceberg !"* » [17]

En février 1986, Pierre Desproges retourne sur l'antenne de *France Inter* pour une rubrique quotidienne de cinq minutes, *La Chronique de la haine ordinaire*. Pourquoi cinq minutes seulement, lui demande un journaliste du *Matin de Paris* : « *Je vois ça dans ma nature velléitaire et papillonnante. Et puis, vous comprenez bien que je n'ai pas que ça à faire. D'autant que pour cinq minutes, je passe des heures dans les transcendances de l'écriture. C'est un travail. Faut jamais oublier de considérer cet angle-là... Mon texte, si je le gueule à la radio, il me rapporte le salaire de six PDG. Dans un journal, faut avoir de l'idéologie pour supporter le prix de la différence.* » [18]

En octobre, Pierre Desproges remonte sur la scène du théâtre Grévin, avec un nouveau spectacle, mieux construit à ses yeux : « *À mon avis, il fonctionne mieux que le premier. Dans le premier, j'avais pris deux ou trois morceaux de bouquins, tandis que dans celui-ci chaque mot est écrit en pensant scène.* » [19]

Pierre Desproges s'amuse à écrire pour la scène :

DESSINS EDIKA

Au fur et à mesure des répétitions, Guy Bedos recentre le spectacle de Pierre Desproges : « T'es sûr que t'as besoin d'une guillotine ? T'es sûr de vouloir t'habiller en rouge ? »

« ...Mon vrai plaisir, c'est quand j'ai une plume qui me plaît. Plus rarement, quand je trouve des jeux de mots, dont j'use, il est vrai. Ces fientes de l'esprit... Le sketch que je fais sur Sakharov par exemple. Je pars de l'idée tout à fait vraie que Sakharov est le père de la bombe atomique, j'extrapole sur la prétendue innocence des savants face aux utilisations détournées de leurs travaux. Pour moi, Pierre et Marie Curie sont coupables, je démêle l'écheveau des faits. Vive l'écheveau, à bas les Curie... J'ai honte, mais ça détend. »

Une tournée s'ensuit, en France, en Belgique et en Suisse. Mais le 18 avril 1988, une dépêche de l'AFP tombe sur les téléscripteurs : « *Pierre Desproges est mort d'un cancer. Étonnant, non ?* » Une épitaphe en forme de boutade qui met fin à la carrière de cet humoriste d'exception, qui avait pourtant répété à qui voulait l'entendre qu'il n'aurait pas de cancer, car « *il était contre* ». Aujourd'hui, assis à la droite de Dieu (Paix à son âme), Pierre Desproges observe certainement ses enfants plus ou moins légitimes reprendre avec plus ou moins de talent sa façon d'interviewer des célébrités à la télévision, ou d'en faire leurs portraits à la radio.

« ...Au paradis, on est assis à la droite de Dieu. C'est normal, c'est la place du mort. Et il vaut mieux être à la droite de Dieu qu'à gauche d'Ella Fitzgerald, car Dieu ne prend pas toute la place sur le banc, lui. »

Alain David

« Devons-nous aller gaiement à la mort ? Pouvons-nous, au moins vivre heureux en l'attendant ? Je réponds oui. »

DESSIN GOTLIB

Dans un éditorial de "Fluide Glacial", Gotlib salue la publication des "Chroniques de la haine ordinaire". « Le révérend Pierre Bénigne Desproges, bien connu des auditeurs de France Inter auxquels il délivra naguère de virulents sermons, a eu l'idée de réunir ces derniers sous la forme d'un opuscule de plaisante présentation. »

CITATIONS

1 : Le Nouvel Observateur, 11 mai 1981
2, 20 : Mokde, 17 novembre 1986
3, 10, 19 : La seule certitude que j'ai, c'est d'être dans le doute, entretien avec Yves Riou et Philippe Pouchain.
4 : Desproges portrait, par Marie-Ange Guillaume.
5 : France-Soir, 16 avril 1982
6, 7, 9 : Le Monde, 11 janvier 1984
8 : Exergue du livre Goscinny par Marie-Ange Guillaume
11, 14 : France-Soir, 2 mars 1983
12 : Le Parisien, 29 novembre 1982
13 : Le Figaro, 1er décembre 1982
15, 16 : France-Soir, 7 janvier 1984
17 : L'Évènement du jeudi, 28 février 1985
18 : Le matin de Paris, 3 février 1986

« Au paradis on est assis à la droite de Dieu, c'est normal : c'est la place du mort. Et il vaut mieux être à la droite de Dieu qu'à la gauche d'Ella Fitzgerald car Dieu ne prend pas toute la place, lui. »
Pierre Desproges ne savait pas que, quelques années plus tard, Ella Fitzgerald serait amputée des deux jambes… et tiendrait moins de place…
cabu

QUI SOMMES-NOUS ?

D'OÙ VENONS-NOUS ?

OÙ ALLONS-NOUS ?

QU'EST-CE QU'ON MANGE CE SOIR ?

GENÈSE

Texte de **Pierre Desproges** (extrait)

Le premier jour, Dieu dit : « Que la lumière soit. » Et la lumière fut. Le deuxième jour, Dieu créa le ciel et les étoiles, et les planètes. Le troisième jour, Dieu créa Line Renaud, ce qui nous explique, avec le recul, qu'elle soit moins fraîche aujourd'hui. Le quatrième jour, Dieu dit : « Que la terre soit. » Et la Terre fut, avec ses ruisseaux plein de gaieté, les arbres pleins d'oiseaux et ses animaux pleins de poils. Alors vint le cinquième jour, et Dieu créa la mer profonde et insondable aux multiples rivages et aux abysses infinis où, tandis que le requin chasse, le mérou pète.

Le sixième jour, enfin, Dieu contempla son œuvre et se dit soudain que toute cette splendeur ne servirait à rien s'il n'y mettait un être supérieur qui pourrait dominer ce trésor inépuisable. Alors Dieu dit : « Que l'homme soit », et le con fut.

Le septième jour, Dieu se reposa, car c'était son jour, et parce qu'il avait fait tout seul les trois-huit. Il était très satisfait de son œuvre et contemplait l'homme qu'il avait créé à son image.

Et Dieu dit encore : « Tu t'appelleras Adam, tu me rendras grâce et louanges car c'est moi le patron, et tu vivras en paix dans l'Eden que j'ai créé pour toi, parmi les fleurs étranges aux mille senteurs inconnues et dans la douceur incroyable d'un été sans fin. Va et sois heureux, Adam. Le lion royal et l'humble chèvre sont tes amis, ton Dieu veille sur toi et les petits-déjeuners sont servis dans la chambre jusqu'à neuf heures trente.

« Merci, mon Dieu, de me combler ainsi, dit Adam. Merci pour les fleurs, et pour le lion royal. Et merci pour l'humble chèvre. Dommage quand même qu'il n'y ait pas de gonzesse ! » Alors Dieu, du haut de son infinie miséricorde, entendit l'ultime voeu de sa créature qui l'implorait à genoux, infiniment vulnérable et attendrissante avec sa petite âme mesquine et ridicule, dans ce corps tout nu, anarchiquement velu, le tout déjà bourré d'angoisses existentielles insolubles : « Qui suis-je ? Où suis-je ? Où vais-je ? Quand est-ce que c'est Noël ? »

Alors Dieu dit : « Que la femme soit ! » Et la femme jaillit de la côte d'Adam, splendide et nue, et les anges s'extasièrent car c'était la première fois qu'on voyait une femme à poil sur la Côte.

DIEU N'EST PAS BIEN

TOC, TOC, TOC.
ENTREZ.
COMMENT ALLEZ-VOUS MON DIEU ?
BOAF... COMME UN LUNDI, DOCTEUR.
MH...
C'EST FÂCHEUX.
NOUS SOMMES DIMANCHE.
DITES-MOI.
QUE RESSENTEZ-VOUS PRÉCISÉMENT ?
BOF
C'EST DIFFICILE À DIRE.
J'AI L'IMPRESSION D'ÊTRE CREUX ET SANS CONTOURS.
COMME BALLONÉ MAIS SANS LA BAUDRUCHE AUTOUR DU RIEN...
L'IMPRESSION DE NE...
...
NON, NON, NON !
?
ÇA NE VA PAS DU TOUT !
ALLONS, ALLONS, ALAIN QU'Y A-T-IL ?
ALAIN DELON N'ARRIVE PAS À DÉCLAMER CE TEXTE !
ALAIN NE RESSENT PAS SON RÔLE COMME IL DEVRAIT !
AH ?
POURTANT LE RÔLE DE DIEU JE PENSAIS QUE...

« Dieu a dit : "Tu aimeras ton prochain comme toi-même". D'abord, Dieu ou pas, je veux pas qu'on me tutoie ! »

DIS-TOI QUE TU AS LE DON D'UBIQUITÉ, QUE TU ES PARTOUT.
AH OUAIIIS.
JE LA REFAIS, D'ACCORD?
OK!
L'IMPRESSION DE NE PAS ÊTRE LÀ.
ET DE NE PAS ÊTRE AILLEURS NON PLUS.
BIIIEEN
POUR ÊTRE CLAIR, DOCTEUR.
JE CROIS QUE JE N'EXISTE PAS!
TRÈS BIEN!
TU ES SÛR, PIERRE?
MAIS OUI MAIS OUI CONTINUE!
DANS MA SITUATION VOUS COMPRENDREZ QUE C'EST EXTRÊMEMENT PÉNIBLE...
RASSUREZ-VOUS CE N'EST QU'UNE SENSATION.
AH OUI?
JE VAIS VOUS EXAMINER.
DITES 33.
ON NE DONNE PAS D'ORDRE À DIEU.
ON LE PRIE...
BRAVO!
JE VOUS PRIE DE DIRE 33.
33, 33, 33...
BIEN, MAINTENANT FAITES: AAAHH.
JE VOUS PRIE DE FAIRE AAAHH...

AAAHH...
VINGT DIEUX!
AAAH
ÉA O EU?
ÉIA?
EH BIEN C'EST INCROYABLE.
VOUS AVEZ LA GORGE SI SOMBRE QUE JE N'Y VOIS RIEN.
C'EST NORMAL.
LES VOIES DU SEIGNEUR SONT IMPÉNÉTRABLES.
MAIS VOUS N'AVEZ PAS DE MOI PROFOND.
ET SANS MOI PROFOND ON NE PEUT PAS VIVRE.
QUAND JE VOUS DISAIS QUE JE N'EXISTE PAS.
C'EST PAS DES CONNERIES.
C'EST ÉGAL ON EST BIEN PEU DE CHOSE.
ON EST MÊME RIEN DU TOUT, OUI!
NI VOUS NI MOI D'AILLEURS.
PUISQUE SANS MOI POUR VOUS CRÉER
VOUS L'AVEZ DANS LE...
CUL?

NÉANT MON VIEUX
VOUS L'AVEZ DANS LE NÉANT.
AH! NOM DE DIEU!
JE VOUS EN PRIE
BIEN, COMBIEN VOUS DOIS-JE, DOCTEUR?
JE NE SAIS PAS MOI...
DONNEZ-MOI CE QUE VOUS VOULEZ.
DONNEZ-VOUS AUJOURD'HUI NOTRE PAIN QUOTIDIEN.
COMME D'HABITUDE?
COMME D'HABITUDE!
ET DEUX BAGUETTES BIEN CUITES POUR LE DOCTEUR FREUD.
DEUX!
BIIIEEN... TRÈS BIIIEEEN...
TU VOIS, TU Y ES ARRIVÉ FINALEMENT.
AH OUI? TU CROIS?
MAIS OUI TU ÉTAIS TRÈS CRÉDIBLE.
POURTANT QUAND ALAIN DOIT DIRE QU'IL N'EST RIEN DU TOUT...
ALAIN TROUVE QUE ÇA NE LUI VA PAS DE DIRE CELA.
ALLONS ALLONS
QUE CELA SONNE UN PEU FAUX...
TARATATA! TU TE SOUS-ESTIMES TU ÉTAIS PARFAIT!
TSS...
VRAIMENT?
JE T'ASSURE.
DITES.
VOUS NE PENSEZ PAS QUE LORSQUE JE PARLE D'ARTHRITE DU GENOU JE NE SUIS PAS TRÈS CRÉDIBLE?

La minute de Monsieur Cyclopède
CARTIER
ESBAUDISSONS-NOUS DE LA PRÉCOCITÉ DE MOZART
C'EST À VOUS QUE JE M'ADRESSE CHERS ENFANTS ...
SAVEZ-VOUS PETITS CONNARDS, QU'À L'ÂGE OÙ VOUS JOUEZ AUX BILLES COMME DES IMBÉCILES, WOLFGANG AMADEUS MOZART LUI, AVAIT DÉJÀ ATTEINT LE GÉNIE ?...
J'AI TOUJOURS ÉTÉ PRÉCOCE EN TANT QU'ENFANT!
SAVEZ-VOUS QU'À HUIT ANS ET DEMI, MOZART AVAIT DÉJÀ COMPOSÉ LE BOLÉRO DE RAVEL ...
DING DING DING DING
FAUT L'FAIRE!
SAVEZ-VOUS QU'À DOUZE ANS ET DEMI, ACCOMPAGNÉ PAR LE QUATUOR AMADEUS, MOZART AVAIT DÉJÀ DESHONORÉ SA COUSINE, LA PETITE KOECHEL 506 ?
FAUT L'FAIRE!
IL ÉTAIT TELLEMENT PRÉCOCE MOZART, QU'À TRENTE CINQ ANS ET DEMI, IL ÉTAIT DÉJÀ MORT...
FAUT L'FAIRE...
ÉTONNANT, NON ?

Dessin : **Riff Reb's**

Couleurs : Philippe Casadéï

.. RITON DE NAZARETH, QUI A TRÈS BIEN CONNU DIEU,
EN EFFET, J'AI TRÈS BIEN CONNU DIEU, PUISQUE NOUS ÉTIONS PARENTS. J'ÉTAIS LE BEAU-FRÈRE À SA FEMME. VOUS N'ÊTES PAS SANS SAVOIR QUE DIEU AVAIT UN FILS, SA MÈRE MARIE LIMACULÉ AVAIT UN ONCLE DONT LE COUSIN GERMAIN DU FRÈRE DE LA BRU ÉTAIT UN LIMACULÉ AUSSI...
JE SUIS DONC LE BEAU-FRÈRE DE LA FEMME À DIEU.
COMMENT DIEU ÉTAIT-IL DANS LA VIE COURANTE? ON DIT QU'IL ÉTAIT RESTÉ TRÈS SIMPLE?
fermeture définitive pour cause de deuil Riton.
DIEU ÉTAIT INFINIMENT BON ET INFINIMENT AIMABLE, COMME CELA EST DIT TRÈS JUSTEMENT DANS SA BIOGRAPHIE. CE QUI FRAPPAIT D'EMBLÉE, CHEZ DIEU, C'ÉTAIT SON ÉGALITÉ D'HUMEUR, MÊME QUAND IL LUI ARRIVAIT DE DÉCONNER.
CAR IL DÉCONNAIT. DIVINEMENT, CERTES, MAIS ÇA LUI ARRIVAIT...
SOUVENT?
AH OUI QUAND MÊME. LA PESTE, DACHAU, HIROSHIMA, TOUT ÇA C'ÉTAIT LUI. MÊME LA DÉFAITE DE SAINT-ÉTIENNE DEVANT NANTES, C'ÉTAIT LUI. IL NE FAUT PAS AVOIR HONTE DE LE DIRE.
POF

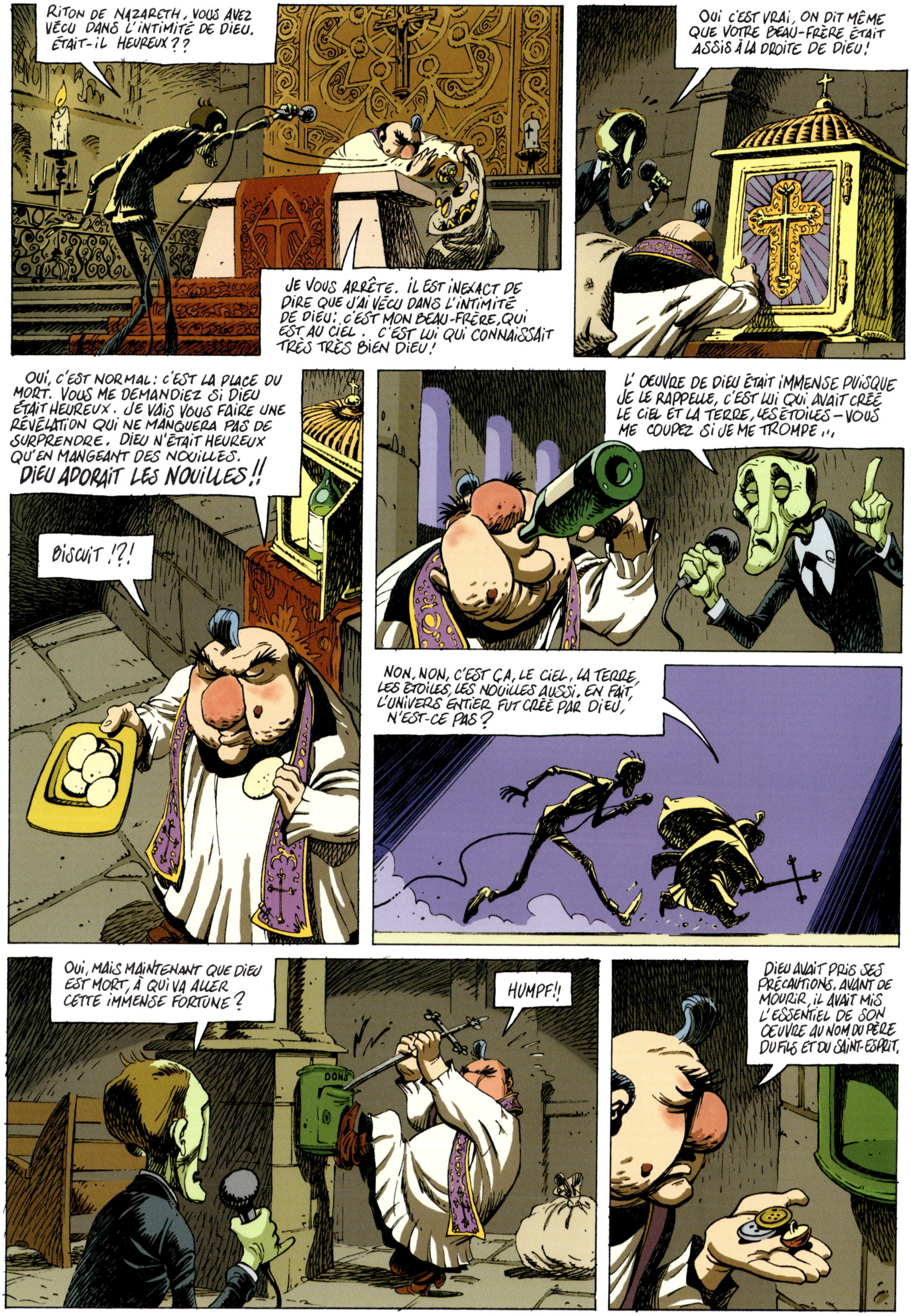
RITON DE NAZARETH, VOUS AVEZ VÉCU DANS L'INTIMITÉ DE DIEU. ÉTAIT-IL HEUREUX ??
JE VOUS ARRÊTE. IL EST INEXACT DE DIRE QUE J'AI VÉCU DANS L'INTIMITÉ DE DIEU: C'EST MON BEAU-FRÈRE, QUI EST AU CIEL. C'EST LUI QUI CONNAISSAIT TRÈS TRÈS BIEN DIEU!
OUI C'EST VRAI, ON DIT MÊME QUE VOTRE BEAU-FRÈRE ÉTAIT ASSIS À LA DROITE DE DIEU!
OUI, C'EST NORMAL: C'EST LA PLACE DU MORT. VOUS ME DEMANDIEZ SI DIEU ÉTAIT HEUREUX. JE VAIS VOUS FAIRE UNE RÉVÉLATION QUI NE MANQUERA PAS DE SURPRENDRE. DIEU N'ÉTAIT HEUREUX QU'EN MANGEANT DES NOUILLES. DIEU ADORAIT LES NOUILLES !!
BISCUIT !?!
L'OEUVRE DE DIEU ÉTAIT IMMENSE PUISQUE JE LE RAPPELLE, C'EST LUI QUI AVAIT CRÉÉ LE CIEL ET LA TERRE, LES ÉTOILES — VOUS ME COUPEZ SI JE ME TROMPE...
NON, NON, C'EST ÇA, LE CIEL, LA TERRE, LES ÉTOILES, LES NOUILLES AUSSI. EN FAIT, L'UNIVERS ENTIER FUT CRÉÉ PAR DIEU, N'EST-CE PAS ?
OUI, MAIS MAINTENANT QUE DIEU EST MORT, À QUI VA ALLER CETTE IMMENSE FORTUNE ?
HUMPF !!
DONS
DIEU AVAIT PRIS SES PRÉCAUTIONS. AVANT DE MOURIR, IL AVAIT MIS L'ESSENTIEL DE SON OEUVRE AU NOM DU PÈRE DU FILS ET DU SAINT-ESPRIT.

UNE DERNIÈRE QUESTION, HENRI DE NAZARETH, QUE VA DEVENIR LE MONDE SANS DIEU ?
C'EST UNE EXCELLENTE QUESTION. JE VAIS VOUS RÉPONDRE FRANCHEMENT. IL FAUT VOIR LA RÉALITÉ EN FACE. DIEU EST MORT, IL VA NOUS FALLOIR FAIRE AVEC !
SANS !
PLAÎT-IL ?
ÉCOUTEZ, JE NE VOUS AI PAS INTERROMPU, ALORS S'IL VOUS PLAÎT, JE VOUS EN PRIE. DIEU EST MORT, IL VA FALLOIR NOUS Y HABITUER.
DANS UN MONDE SANS DIEU, LES HOMMES VONT AVOIR À SUPPORTER LES PIRES ÉPREUVES : LES BOMBES À NEUTRONS, LES CANCERS DU POUMON, LES FEMMES INFIDÈLES, LES IMPÔTS, LA FAMINE DANS LE TIERS-MONDE, L'AUGMENTATION DU PRIX DU CAVIAR CHEZ PÉTROSSIAN, ET AU BOUT DE TOUT ÇA, LA MORT.
DIEU EST MORT, IL VA FALLOIR FAIRE SANS, PAS AVEC.
LA MORT ??
LA MORT !!
NOM DE DIEU !
JE VOUS EN PRIE !
VROAR !
FIN
DESPROGES / RIFF -

CARTIER
AUJOURD'HUI : ESSAYONS VAINEMENT DE FAIRE APPARAÎTRE LA SAINTE VIERGE ...
la minute de monsieur CYCLOPÈDE
DE NOMBREUSES PERSONNES S'IMAGINENT QUE POUR VOIR APPARAÎTRE LA SAINTE-VIERGE IL SUFFIT DE RAMASSER DU BOIS MORT DANS LES PYRÉNÉES ORIENTALES ...
EN ENJAMBANT LES RUISSEAUX ...
C'EST FAUX.
POUR ÊTRE SÛR DE BIEN VOIR APPARAÎTRE LA SAINTE VIERGE...
IL FAUT DE SURCROÎT ÊTRE UNE HUMBLE BERGÈRE
SBOUBIDOUBIROU
BÊL
BÊL
GROTTE
FLASH
AH BEN OUI...
?
MAIS QUAND ON EST UNE FAUSSE BERGÈRE FAUT PAS S'ATTENDRE À TOMBER SUR UNE VRAIE VIERGE.
ÉTONNANT NON ?

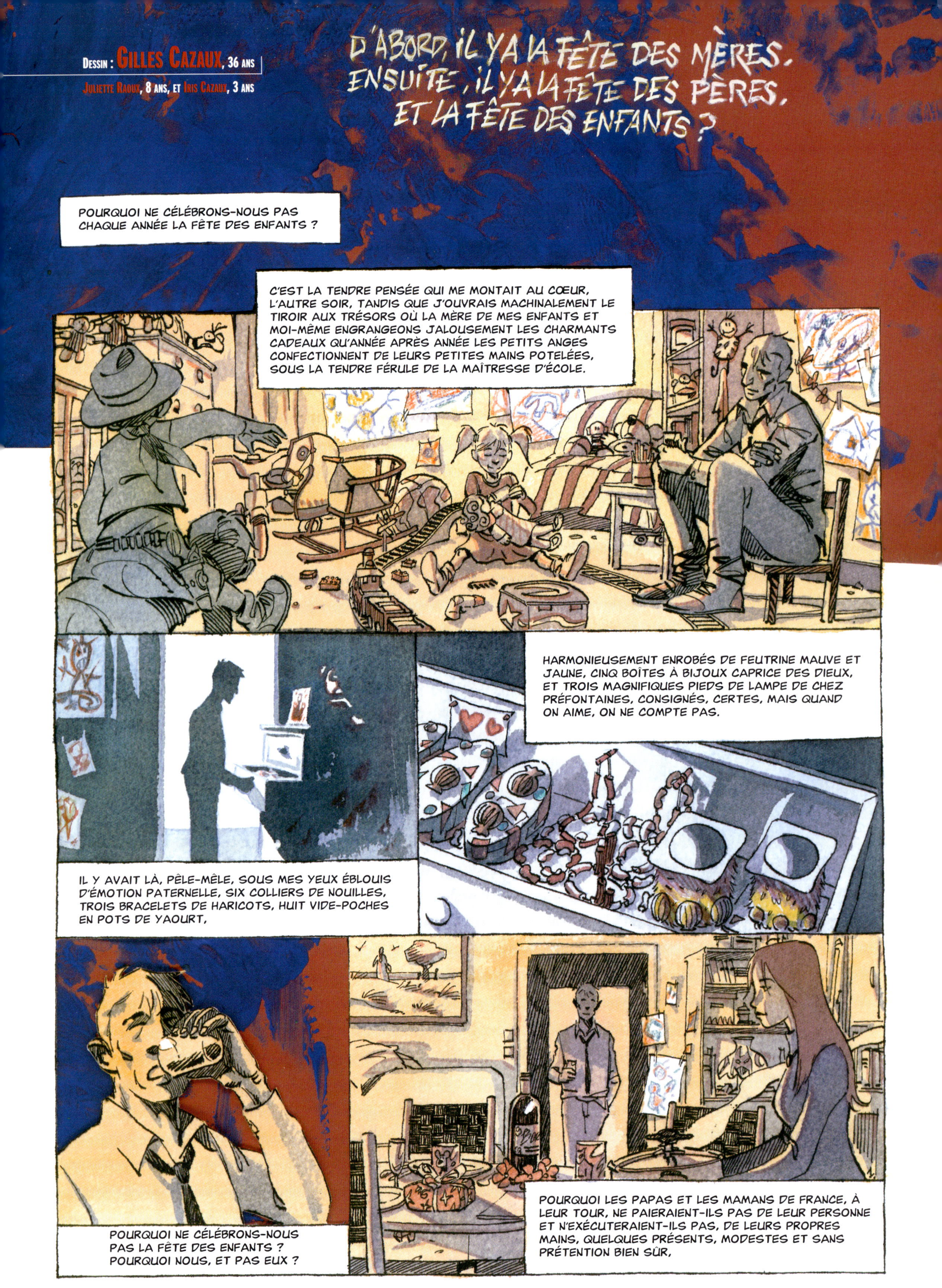
Dessin : Gilles Cazaux, 36 ans
Juliette Raoux, 8 ans, et Iris Cazaux, 3 ans
D'ABORD, IL Y A LA FÊTE DES MÈRES. ENSUITE, IL Y A LA FÊTE DES PÈRES. ET LA FÊTE DES ENFANTS ?
POURQUOI NE CÉLÉBRONS-NOUS PAS CHAQUE ANNÉE LA FÊTE DES ENFANTS ?
C'EST LA TENDRE PENSÉE QUI ME MONTAIT AU CŒUR, L'AUTRE SOIR, TANDIS QUE J'OUVRAIS MACHINALEMENT LE TIROIR AUX TRÉSORS OÙ LA MÈRE DE MES ENFANTS ET MOI-MÊME ENGRANGEONS JALOUSEMENT LES CHARMANTS CADEAUX QU'ANNÉE APRÈS ANNÉE LES PETITS ANGES CONFECTIONNENT DE LEURS PETITES MAINS POTELÉES, SOUS LA TENDRE FÉRULE DE LA MAÎTRESSE D'ÉCOLE.
IL Y AVAIT LÀ, PÊLE-MÊLE, SOUS MES YEUX ÉBLOUIS D'ÉMOTION PATERNELLE, SIX COLLIERS DE NOUILLES, TROIS BRACELETS DE HARICOTS, HUIT VIDE-POCHES EN POTS DE YAOURT,
HARMONIEUSEMENT ENROBÉS DE FEUTRINE MAUVE ET JAUNE, CINQ BOÎTES À BIJOUX CAPRICE DES DIEUX, ET TROIS MAGNIFIQUES PIEDS DE LAMPE DE CHEZ PRÉFONTAINES, CONSIGNÉS, CERTES, MAIS QUAND ON AIME, ON NE COMPTE PAS.
POURQUOI NE CÉLÉBRONS-NOUS PAS LA FÊTE DES ENFANTS ? POURQUOI NOUS, ET PAS EUX ?
POURQUOI LES PAPAS ET LES MAMANS DE FRANCE, À LEUR TOUR, NE PAIERAIENT-ILS PAS DE LEUR PERSONNE ET N'EXÉCUTERAIENT-ILS PAS, DE LEURS PROPRES MAINS, QUELQUES PRÉSENTS, MODESTES ET SANS PRÉTENTION BIEN SÛR,

MAIS QUI S'AVÉRERAIENT TELLEMENT PLUS PRÉCIEUX, AU COEUR DE NOS CHERS PETITS, QUE CES POUPÉES TOUTES FAITES OU CES TRAINS ÉLECTRIQUES SOPHISTIQUÉS ET GLACÉS QUE NOTRE SÉCHERESSE DE COEUR NOUS POUSSE À LEUR JETER NÉGLIGEMMENT DANS LES BRAS APRÈS UN BAISER FURTIF ?
NE SAURONS-NOUS DONC JAMAIS TROUVER LE TEMPS DE NOUS PENCHER PLUS AFFECTUEUSEMENT SUR CES FRONTS GRACILES AU-DESSUS DE CES GRANDS YEUX BRÛLANTS AUX LONGS CILS VIBRANTS D'UN AMOUR INCAPABLE DE S'ÉPANOUIR AU RYTHME INFERNAL DE NOS AMBITIONS CARRIÉRISTES
DONT LA TYRANNIE NOUS CONDAMNE À RÉPONDRE DISTRAITEMENT " TA GUEULE " À L'ENFANT QUI NOUS DIT " MAMAN, JE M'AI FAITE VIOLER " ?
C'EST PROMIS.
JE VAIS VOUS EN DONNER, MOI, MES CHÉRIS, DES JOLIS CADEAUX FAITS À LA MAIN.
2.
JE VAIS VOUS EN FABRIQUER, MOI, DES SCHTROUMPFS PAS CHERS, AVEC DEUX BOULETTES DE MIE DE PAIN ET QUATRE ALLUMETTES POUR LES PATTES.
JE VAIS VOUS EN STRUCTURER DES VAISSEAUX SPATIAUX EN CAGEOTS DE PATATES, AVEC DU PAPIER CUL POUR LA COMBINAISON ANTI-TCHERNOBYL ET UNE PUNAISE RETOURNÉE POUR LE SIÈGE ÉJECTABLE.

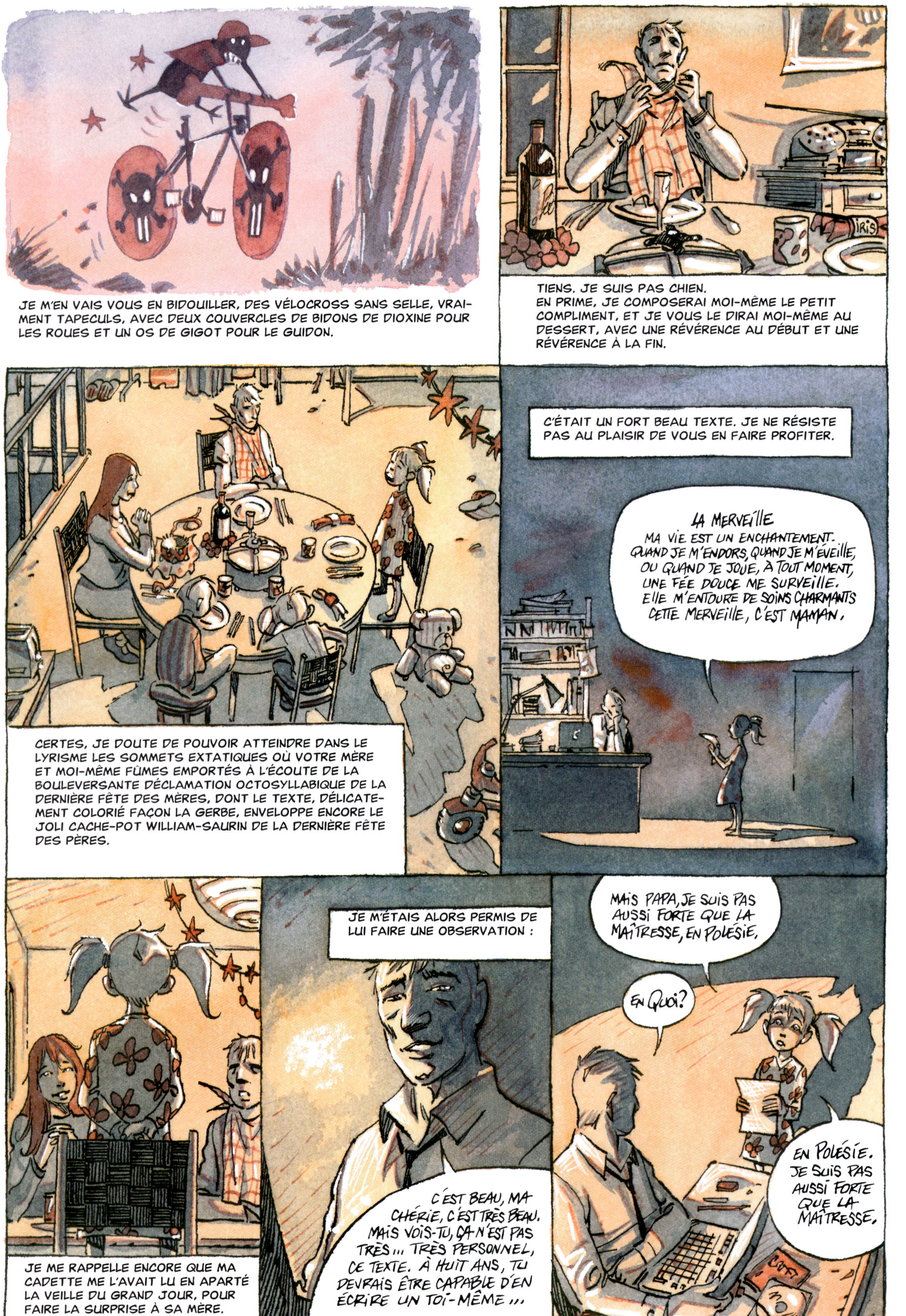
JE M'EN VAIS VOUS EN BIDOUILLER, DES VÉLOCROSS SANS SELLE, VRAIMENT TAPECULS, AVEC DEUX COUVERCLES DE BIDONS DE DIOXINE POUR LES ROUES ET UN OS DE GIGOT POUR LE GUIDON.
TIENS. JE SUIS PAS CHIEN.
EN PRIME, JE COMPOSERAI MOI-MÊME LE PETIT COMPLIMENT, ET JE VOUS LE DIRAI MOI-MÊME AU DESSERT, AVEC UNE RÉVÉRENCE AU DÉBUT ET UNE RÉVÉRENCE À LA FIN.
CERTES, JE DOUTE DE POUVOIR ATTEINDRE DANS LE LYRISME LES SOMMETS EXTATIQUES OÙ VOTRE MÈRE ET MOI-MÊME FÛMES EMPORTÉS À L'ÉCOUTE DE LA BOULEVERSANTE DÉCLAMATION OCTOSYLLABIQUE DE LA DERNIÈRE FÊTE DES MÈRES, DONT LE TEXTE, DÉLICATEMENT COLORIÉ FAÇON LA GERBE, ENVELOPPE ENCORE LE JOLI CACHE-POT WILLIAM-SAURIN DE LA DERNIÈRE FÊTE DES PÈRES.
C'ÉTAIT UN FORT BEAU TEXTE. JE NE RÉSISTE PAS AU PLAISIR DE VOUS EN FAIRE PROFITER.
LA MERVEILLE
MA VIE EST UN ENCHANTEMENT.
QUAND JE M'ENDORS, QUAND JE M'ÉVEILLE,
OU QUAND JE JOUE, À TOUT MOMENT,
UNE FÉE DOUCE ME SURVEILLE.
ELLE M'ENTOURE DE SOINS CHARMANTS
CETTE MERVEILLE, C'EST MAMAN.
JE ME RAPPELLE ENCORE QUE MA CADETTE ME L'AVAIT LU EN APARTÉ LA VEILLE DU GRAND JOUR, POUR FAIRE LA SURPRISE À SA MÈRE.
JE M'ÉTAIS ALORS PERMIS DE LUI FAIRE UNE OBSERVATION :
C'EST BEAU, MA CHÉRIE, C'EST TRÈS BEAU. MAIS VOIS-TU, ÇA N'EST PAS TRÈS... TRÈS PERSONNEL, CE TEXTE. À HUIT ANS, TU DEVRAIS ÊTRE CAPABLE D'EN ÉCRIRE UN TOI-MÊME...
MAIS PAPA, JE SUIS PAS AUSSI FORTE QUE LA MAÎTRESSE, EN POLÉSIE.
EN QUOI ?
EN POLÉSIE. JE SUIS PAS AUSSI FORTE QUE LA MAÎTRESSE.

G. CAZAUX

IRIS & JULIETTE

Savais-tu que sur cent personnes à qui l'on souhaite BONNE ANNÉE, BONNE SANTÉ, Deux meurent dans d'ATROCES SOUFFRANCES avant le Pont de la Pentecôte
Alors j'ai 98... non 99 chances de m'en sortir ahahah
...tout dépend de quel côté des statistiques on se place...
Mais on est bien plus de cent là...
Bah ... les statistiques ...
ZOU 2004

On n'est pas des boeufs

FAITES ATTENTION, GEORGES. UN JOUR, QUAND VOUS SEREZ MORT, QUELQU'UN DEMANDERA : GEORGES QUI ?
ET J'ESPÈRE QUE JE SERAI LÀ POUR RÉPONDRE : ÇA NE M'ÉTONNE PAS...
POSEZ CE CAFÉ ET ÉCOUTEZ PLUTÔT...
L'HISTOIRE DE LA VIE DE PIERRE DESPROGES EST TRÈS SOBRE. APRÈS UNE ENFANCE, UNE ADOLESCENCE ET UNE VIE CLASSIQUES, IL VA CHEZ LE DOCTEUR.
DOCTEUR
ET LÀ, COUP DE THÉÂTRE : IL A LE CANCER. ÇA LUI DONNE L'IDÉE DE CE SKETCHE OÙ IL SE REND DANS UN RESTAURANT DE FRUITS DE MER.
IL COMMANDE UN TOURTEAU. LE TOURTEAU EST UN CRABE. LE CRABE, C'EST AUSSI LE CANCER QUI LE DÉVORE. EN MANGEANT SON CRABE, IL S'ÉCRIE : "1 PARTOUT".
VOUS COMPRENEZ, GEORGES, LE CANCER EST UN CRABE QUI DÉVORE PIERRE DESPROGES ET POUR SE VENGER, PIERRE DESPROGES MANGE UN CRABE.
AH, SI J'AVAIS ÉTÉ LÀ...
PIERRE ! EH, PIERRE !
2 À 1
D. GOOSSENS
2

TORTURE *– nom commun, trop commun, féminin, mais ce n'est pas de ma faute. Du latin tortura, action de tordre.*

Bien plus que le costume trois-pièces ou la pince à vélo, c'est la pratique de la torture qui permet de distinguer à coup sûr l'homme de la bête.

La torture remonte à la nuit des temps. À peine eut-il inventé le gourdin, que l'homme de Cro-Magnon songeait aussitôt à en foutre un coup sur la gueule de la femme de Cro-Magnonne qui refusait de lui avouer l'âge de pierre.

Mais il fallut attendre l'avènement du christianisme pour que la pratique de la torture atteigne un degré de raffinement enfin digne de notre civilisation. Avant cet âge d'or, en effet, la plupart des supplices, en Haute-Égypte et jusqu'à Athènes, relevaient hélas de la plus navrante vulgarité. Les Spartiates eux-mêmes, au risque d'accentuer la dégradation des sites, n'hésitaient pas à précipiter leurs collègues de bureau du haut des falaises lacédémoniennes pour leur faire avouer la recette de la macédoine. Quant à l'invasion de la Grèce par les légions romaines, on n'en retiendra que la sanglante boucherie au cours de laquelle le général Pinochus se fit révéler le théorème de Pythagore en filant des coups de pelle aux Ponèses.

Pour en revenir aux chrétiens, on n'oubliera pas qu'après avoir été, sous les Romains, les premières victimes de la torture civilisée, ils en devinrent les plus sinistres bourreaux pendant l'inquisition. Aujourd'hui encore, quand on fait l'inventaire des ustensiles de cuisine que les balaises du Jésus'fan Club n'hésitaient pas à enfoncer sous les ongles des hérétiques, ce n'est pas sans une légitime appréhension qu'on va chez sa manucure.

Aux portes de l'an 2000, l'usage de la torture en tant qu'instrument de gouvernement se porte encore bien, merci. Même si, sous nos climats, elle a tendance à tomber en désuétude. Hélas, quand on s'écarte un peu plus de l'Hexagone, que ce soit vers l'ouest, vers l'est, ou vers le sud, on rencontre encore, dans des contrées exotiques pourtant ouvertes au progrès, à trois pas de la piscine du Hilton, ou dans les steppes démocratiques les plus populaires, des empêcheurs de penser en rond qui cognent et qui charcutent, qui enferment et qui massacrent, qui souillent et qui avilissent, et même – ah, les cons ! – qui arrachent les ailes des poètes au nom de l'avenir de l'homme.

On peut rire de tout quand c'est drôle

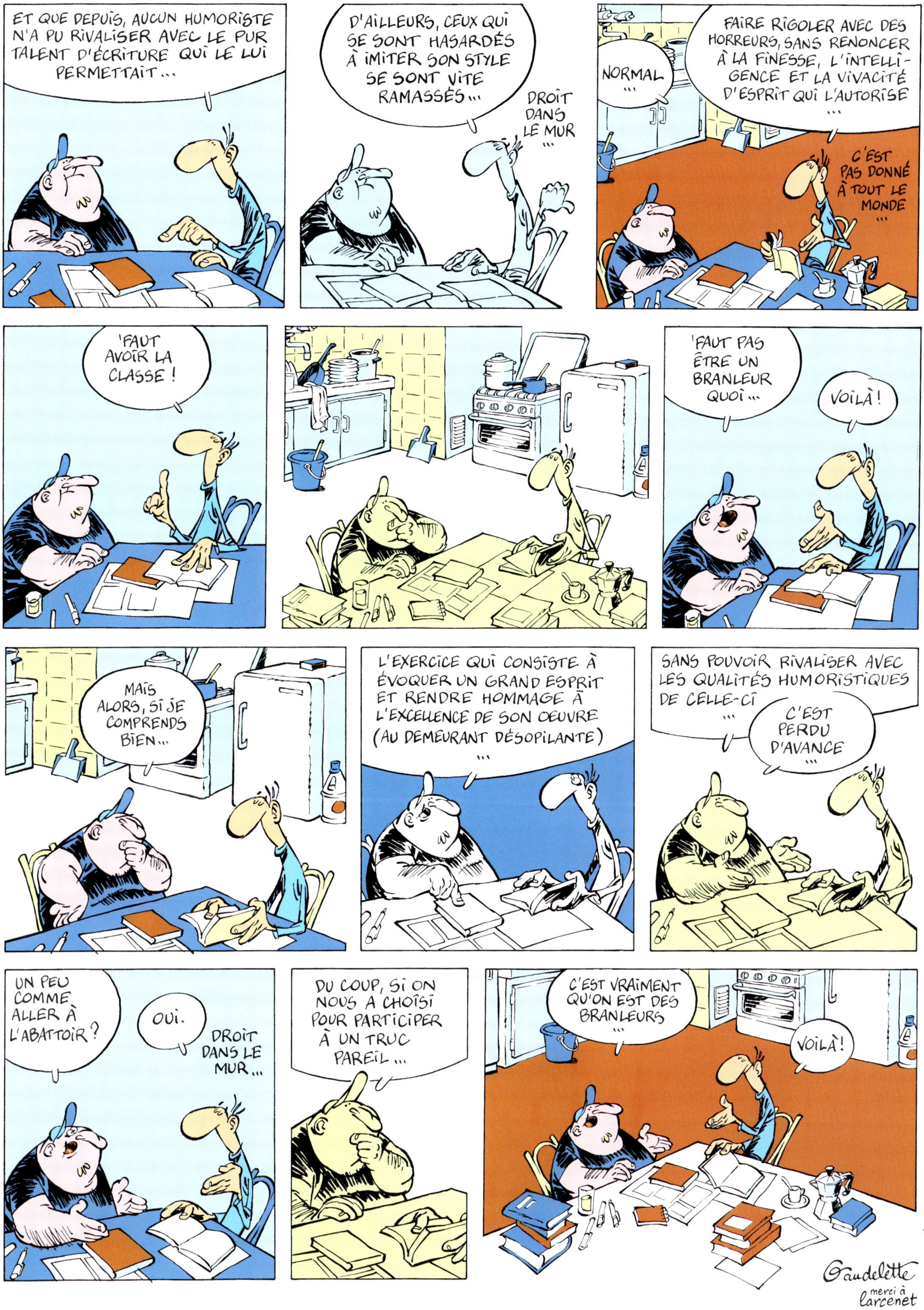

« Dès qu'on touche au second degré, on fait de la peine aux imbéciles du premier. Si vous préférez, quand le voisin du dessus fait du bruit, il dérange le voisin du dessous. »

VERRON

QU'EST-CE QU'ON MANGE CE SOIR ?

ALTEAU page 13
Dessinateur, coloriste et punk rocker, Alteau multiplie les étiquettes comme d'autres les pains. On a pu voir ses dessins dans *Spirou* et *Mickey*, sur de nombreuses pochettes de disques et avec Frank Margerin pour la série *Manu*. On peut le voir régulièrement sur scène au sein des *Bad Lieutnants*.

SERGIO AQUINDO pages 12, 29, 49
Né en Argentine en 1974, ancien élève d'Alberto Breccia, Sergio Aquindo a réalisé un long périple avant de s'installer en France en 2000. Depuis, il travaille pour la presse quotidienne (*Libération*, *Le Monde*...) Il est l'auteur des *Jouets perdus de Romilio Roil*.

CABU page 69
Cabu a commencé sa carrière dans le journal *Hara-Kiri*, avant de rejoindre *Pilote* pour conter ses souvenirs de collège avec *Le Grand Duduche*. Les trentenaires gardent un souvenir ému de son passage à *Récré A2*. Pilier de *Charlie Hebdo* et du *Canard enchaîné*, il croque avec talents les travers de notre société.

ÉRIC CARTIER pages 11,23,38,78,83
Grand baroudeur, Eric Cartier est le père de *Flip*, personnage qu'il fait voyager au gré de ses envies dans différents lieux et différentes époques, et même différents éditeurs. Pour ce volume, *Flip* a endossé le rôle de *M. Cyclopède*.

GILLES CAZAUX page 84
Gilles Cazaux mène une double carrière dans le dessin animé et la bande dessinée. Il a participé aux story-boards de *Tintin* et *Corto Maltese*, et a coréalisé la série *Delta State*. Côté BD, il a travaillé avec Arthur Qwak et Thierry Soufflard (*Le Grand Large*). Pas étouffé par les scrupules, il n'a pas hésité à faire travailler deux petites filles pour cet ouvrage.

CHARB page 35
Pilier de *Charlie Hebdo*, Charb annonce dans sa rubrique qu'il n'aime pas les gens. Heureusement, ses lecteurs l'adorent. Aussi doué en dessin qu'en écriture, il est également le père de *Maurice et Patapon*. On peut également voir son travail dans *Mon Quotidien*.

ÉDIKA pages 5,71
Depuis le début des années 80, Edika est l'un des piliers du mensuel *Fluide Glacial*. Les titres de ses albums sont de véritables morceaux d'anthologie : *Pyjama Blouze*, *Aïe Woze Djoking*... Pour Pierre Desproges, il a illustré *Les étrangers sont nuls*.

FABCARO page 7
Fabcaro est né en 1973 à Montpellier. Dessinateur de presse depuis quelques années, il collabore également aux mensuels *Le Psikopat* et *Tchô !* Il a signé une BD aux éditions Nocturne et a scénarisé *Les Annonces en BD*.

GAUDELETTE page 92
De *Radada la méchante sorcière* à *Pedro le coati* et *Sri Raoul le petit Yogi* (avec Larcenet), Michel Gaudelette sait animer avec talent des personnages hauts en couleur. Et il n'a pas son pareil pour illustrer les éditos de *Fluide Glacial*.

GOOSSENS page 89
Souvent imité, mais jamais égalé, Grand Prix du festival d'Angoulême en 1997, Daniel Goossens reste encore trop méconnu du grand public. Il suffit pourtant de lire *La vie d'Einstein*, *l'Encyclopédie des bébés* ou *Georges et Louis racontent*, pour comprendre pourquoi ses pairs le considèrent comme un génie.

GOTLIB pages 2, 6
La carrière de Gotlib décolle dès 1965 avec la création de *Gai Luron* dans les pages de *Vaillant* et des *Dingodossiers* avec Goscinny dans *Pilote*. Il anime ensuite la *Rubrique à Brac*, avant de créer en 1972 *Fluide Glacial*. En 1991, il reçoit le Grand Prix du festival d'Angoulême. Son influence reste majeure pour de nombreux dessinateurs, mais aussi des comiques cathodiques comme les Nuls.

MAHI GRAND page 50
Diplômé des Arts décoratifs de Paris, Mahi Grand travaille principalement comme scénographe et chef décorateur pour le théâtre et la danse. Il a illustré *Les bons conseils du professeur Corbiniou* pour Le Seuil on le retrouve tous les mois sur le site officiel de Pierre Desproges.

GUILLAUME GUERSE page 46
Cofondateur des éditions Les Requins Marteaux, il est l'un des auteurs les plus actifs du magazine *Ferraille*. On peut également le retrouver dans le journal *Fluide Glacial*, avec son compère Marc Pichelin.

KOKOR page 41
Né au Havre, Alain Koch a commencé sa carrière au début des années 90. Avec Alph, il dessine les aventures de *Phil Korridor*. Après une parenthèse musicale, il revient sur le devant de la scène sous le pseudo de Kokor, pour une œuvre poético fantaisiste aux personnages et aux dialogues hauts en couleur.

GÉRARD LAUZIER page 54
Dessinateur d'humour, publicitaire, Lauzier se lance dans la bande dessinée en 1973. Il fait les beaux jours de *Pilote* avec, entre autres, ses *Tranches de vie*, et de *Lui* avec *Zizi et Peter Panpan*. Il délaisse le 9ème art pour le cinéma, et réalise avec succès des comédies comme *Mon père ce héros*. En 1993, il reçoit le Grand Prix du festival d'Angoulême.

ÉTIENNE LÉCROART page 25
Dessinateur de presse, on peut retrouver les dessins humoristiques d'Étienne Lécroart dans des magazines aussi variés que *Spirou*, *Mickey*, *Lapin* ou *Le Point*. Une dizaine d'ouvrages recueillent ses œuvres. Membre de l'*Oubapo* (Ouvroir de Bande dessinée Potentielle), il joue de l'accordéon diatonique avec le groupe *La Femme à barbe*.

MAËSTER dessin de couverture
Arrivé en 1982 à *Fluide Glacial*, Maëster y délivre depuis plus de vingt ans en quasi-exclusivité les aventures de ses personnages cocasses, d'*Athanagor Wurlitzer* à *Sœur Marie-Thérèse des Batignolles*. Depuis 1995, il anime les aventures du *Commissaire Charolles*, personnage créé par Gotlib pour la *Rubrique à Brac*. Caricaturiste hors pair, il n'a pas son pareil pour entonner des airs de Luis Mariano.

JEAN-PHILIPPE PEYRAUD page 55
Cultivant l'humour comme la mélancolie, ses chroniques contemporaines font de Jean-Philippe Peyraud l'une des valeurs montantes de la nouvelle bande dessinée. Depuis 2001, il dessine la série *Premières Chaleurs* pour les éditions Casterman. On peut également le retrouver tous les mois dans les pages du magazine *Phosphore*.

PASCAL RABATÉ page 18
Ses premiers albums mettaient en scène des « petites gens » de la France profonde, avec tendresse et humour. Mais il a fallu que Pascal Rabaté déplace son œuvre en Russie, en adaptant d'un trait charbonneux *Ibicus* d'Alexis Tolstoï pour qu'il se fasse connaître d'un plus large public. N'hésitant jamais à se remettre en cause d'un album à l'autre, Rabaté est devenu une personnalité essentielle du 9e art.

RIFF REB'S page 79
Il s'est fait connaître en créant en compagnie de Cromwell *Serguei Vladi*, un anti-héros punk. On l'a ensuite retrouvé avec *Myrtille Fauvette*, un autre personnage détonnant. Riff a illustré de nombreux guides humoristiques, avant de revenir récemment à la bande dessinée avec *Glam et Comet* sur des scénarios d'Abuli.

JEAN-MARC ROCHETTE p. 17, 45, 91
Jean-Marc Rochette s'est fait connaître avec la série *Edmond le cochon* (scénarisé par Martin Veyron) au début des années 80. Il a ensuite alterné les styles et les genres, passant toujours avec bonheur de la BD réaliste (*Le Transperceneige*) à l'illustration et la peinture. Récemment, il s'est associé à René Petillon pour donner vie à un incroyable tandem, *Louis le Vetilleux et Dico*.

JEAN SOLÉ page 63
Solé a fait les beaux jours de *Pilote mensuel* en dessinant de superbes illustrations. Son ouvrage *Pop rock et colegram* reste une œuvre essentielle pour qui veut comprendre la musique pop des années 70. Après avoir repris avec Gotlib et Lob le personnage de *Superdupont*, il continue une carrière brillante de dessinateur de BD et d'illustrateur aimant varier les styles et les techniques.

DAVID VANDERMEULEN page 72
Vandermeulen s'est fait remarquer en auto publiant la série *Agrum Comix*, où il met en scène les grands de ce monde (Alain Delon, Paco Rabanne...) sous forme de légumes. Il continue depuis cette série chez d'autres éditeurs, et a également publié plusieurs ouvrages essentiels de vulgarisation, *Littérature pour tous* et *Initiation à l'ontologie de Jean-Claude Van Damme*.

LAURENT VERRON page 94
Après avoir été l'assistant de Jean Roba, Laurent Verron se lance dans la création avec *Le Maltais*, scénarisé par Loup Durand et l'impeccable et hilarante saga d'*Odilon Verjus* avec Yann. Illustrateur talentueux, il est revenu à ses premières amours et a repris depuis 2003 les aventures de *Boule et Bill*.

ZOU pages 22, 40, 88
Nicolas Thuret, dit Zou, s'est fait connaître au sein du collectif de dessinateurs *Mix Mix* où il animait les personnages de *Pic et Zou*. On a pu voir ses travaux dans la presse, avant qu'il ne se lance dans l'animation. Zou multiplie les projets et devrait prochainement inonder les bacs de ses œuvres.

DU MÊME AUTEUR

LIVRES

AUX ÉDITIONS DU SEUIL

- Manuel de savoir-vivre à l'usage des rustres et des malpolis, *1981, et « Points » n° P401*
- Vivons heureux en attendant la mort, *1983, 1991, 1994, et « Points » n° P384*
- Dictionnaire superflu à l'usage de l'élite et des bien nantis, *1985, et « Points » n° P403*
- Des femmes qui tombent, Roman, *1985, et « Points » n° P479*
- Chroniques de la haine ordinaire, *1987, 1991, et « Points » n° P375*
- Textes de scène, *1988, et « Points » n° P433*
- Fonds de tiroir, *1990*
- Les étrangers sont nuls (illustrations Edika), *1992, et « Points » n° P487*
- La Minute nécessaire de Monsieur Cyclopède, *1951, et « Points » n° P348*
- Les Bons Conseils du professeur Corbiniou, (illustrations Mahi Grand), *Seuil/Nemo, 1997*
- La seule certitude que j'ai, c'est d'être dans le doute, *1998, et « Points » n° P884*
- Le Petit Reporter, *1999, et « Points » n° P836*
- Les Réquisitoires du Tribunal des Flagrants Délires, *vol. 1, 2003, et « Points » n° P1274*
- Les Réquisitoires du Tribunal des Flagrants Délires, *vol. 2, 2003, et « Points » n° P1275*
- Chroniques de la haine ordinaire, *vol. 2, 2004*

AUX ÉDITIONS RIVAGES

- L'Almanach

CD

- Les Réquisitoires du Tribunal des Flagrants Délires, *Tôt ou tard, 6 CD, 2001*
- Chroniques de la haine ordinaire, *Tôt ou tard, 4 CD, 2001*
- Pierre Desproges « en scène » au théâtre Fontaine, *Tôt ou tard, 2001*
- Pierre Desproges « en scène » au théâtre Grévin, *Tôt ou tard, 2001*
- Pierre Desproges « abrégé », *Tôt ou tard, 3CD, 2001*
- Pierre Desproges, Coffret : Les Réquisitoires du Tribunal des Flagrants Délires, Chroniques de la haine ordinaire, Pierre Desproges « en scène » au théâtre Fontaine, Pierre Desproges « en scène » au théâtre Grévin, *Tôt ou tard, 12 CD, 2001*

DVD

- L'Indispensable Encyclopédie de Monsieur Cyclopède, *Tôt ou tard, 2004*
- Desproges est vivant (portrait codicillaire), Intégrale de l'entretien avec Y. Riou et Ph. Pouchain : « La seule certitude que j'ai, c'est d'être dans le doute », *Tôt ou tard, 2004*
- Les spectacles : Théâtre Fontaine 1984 / Théâtre Grévin 1986, *Tôt ou tard, 2004*
- Pierre Desproges « en image » L'Indispensable Encyclopédie de Monsieur Cyclopède, Desproges est vivant (portrait codicillaire), Intégrale de l'entretien avec Y. Riou et Ph. Pouchain : « La seule certitude que j'ai, c'est d'être dans le doute », Les spectacles : Théâtre Fontaine 1984 / Théâtre Grévin 1986, Les Grandes Obsessions desprogiennes, *Tôt ou tard, 4 DVD, 2004*

INTERNET

- Site officiel : www.desproges.fr

Conception graphique : Stéphanie Capitolin
Ouvrage dirigé par Alain David

ISBN : 2-874-42027-1

Imprimé en France par Pollina s.a., Luçon - N° L20191. Dépot légal : mars 2005; 2005/0053/12.

À la question : « Les éditeurs sont-ils un mal nécessaire ? », 100% des maquereaux de Pigalle interrogés répondent :
« Oui, bien sûr. S'il n'y a personne pour les pousser au cul, les livres y restent dans la rue au lieu de monter les étages. »